GUIA
para quem tem
GUIAS

Desmistificando a Umbanda

RICARDO HIDA & BÁRBARA BARRETO

GUIA
para quem tem
GUIAS

Desmistificando a Umbanda

ALFABETO

© Direitos Reservados à Editora Alfabeto 2023.

Direção Editorial: Edmilson Duran
Produção Editorial: Rackel Accetti
Revisão: Vera Figueiredo
Ilustração de capa: Paulo Rodrigues
Ilustrações internas: Isabella Fowler
Diagramação: Décio Lopes

DADOS INTERNACIONAIS DE CATALOGAÇÃO DA PUBLICAÇÃO

Hida, Ricardo; Barreto, Bárbara

Guia para quem tem guias: desmistificando a Umbanda / Ricardo Hida & Bárbara Barreto – 1ª Edição. Editora Alfabeto, São Paulo/SP, 2023.

ISBN: 978-65-87905-64-8

1. Religião afro-brasileira 2. Umbanda 3. Candomblé I. Título

Todos os direitos reservados, proibida a reprodução total ou parcial por qualquer meio, inclusive internet, sem a expressa autorização por escrito da Editora Alfabeto.

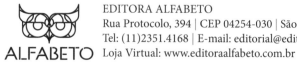

EDITORA ALFABETO
Rua Protocolo, 394 | CEP 04254-030 | São Paulo/SP
Tel: (11)2351.4168 | E-mail: editorial@editoraalfabeto.com.br
Loja Virtual: www.editoraalfabeto.com.br

AGRADECIMENTOS

Por Ricardo Hida

Nenhuma obra se faz sozinha. Principalmente quando se trata de um trabalho cujo objetivo é falar de espiritualidade. Em minha trajetória encontrei grandes Mestres em todos os campos de conhecimento, que me ajudaram a refletir sobre mim, sobre o mundo e me estimularam sempre a questionar a realidade.

Obviamente, meu louvor e minha primeira gratidão diária e eterna ao Criador. E também Orixás, Protetores e meus Guias Espirituais.

Minha gratidão e amor infinitos aos meus pais, Teruo e Mércia, meus primeiros Mestres (sim, com M maiúsculo) e maiores apoiadores, cujo Amor, Luz e Ética movem meu mundo. A minha avó, Dulce, também grande professora, hoje no plano espiritual, e que mostrou tudo ser possível. A minha irmã Rosana de Oyá, cuja generosidade é tão infinita quanto sua sabedoria e força.

Ao Cássio, companheiro de tantas vidas, sem o qual esta obra e boa parte das minhas realizações não seriam possíveis. Um médium que exemplifica toda a grandeza moral de um filho de Obaluaê, dono de um senso de justiça e bondade fundamentais no mundo de hoje.

Minha gratidão a minha tia Rosa de Ogum, grande batalhadora, que confiou a mim seus saberes espirituais e o lindo axé que recebeu de seus mestres. Ao pai Carlos Buby, grande pensador, poeta e músico que me iniciou na Umbanda e cujos ensinamentos moldaram minha visão de dirigir uma casa e olhar a religião. Ao Pai Tasso Gadzanis e Pai Gabriel de Oxum que deram minhas obrigações e apresentaram os Orixás na rica e bela leitura do Candomblé.

Aos médiuns do CELV, filhos de santo amados, incansáveis trabalhadores, que, mesmo sabendo não ser fácil construir uma casa, seguem firmes no propósito de ajudar a revelar a luz que as pessoas carregam dentro de si e na defesa do meio ambiente.

A IsaBella Fowler, cuja beleza ilustra a obra alimentando os olhos na mesma proporção que, enquanto iyabacé, alimenta os Axés de nossa casa.

E, por fim, mas não por último, a Babi de cujos encontros, regados a suco de laranja orgânico e petiscos saudáveis, saiu esta obra, repleta de carinho e cuidado.

AGRADECIMENTOS

Por Barbara Barreto

Agradeço, acima de todas as coisas, aos guias e Orixás que regem minha vida, me constituem na essência, despertam a consciência e revelam a luz para meus caminhos.

A todos os espíritos de luz e Orixás que compõem a natureza e revelam diariamente a necessidade e grandeza da diversidade, do respeito e da paz.

À minha mãe Sandra, guerreira, protetora, amorosa e corajosa, que me ensinou os valores da vida e os princípios do bem, uma grande filha de Oyá.

Ao meu pai, meu anjo protetor, que mesmo no plano espiritual está sempre ao meu lado.

À minha avó Lydia, que deixou o legado espiritual para que eu possa seguir e honrar sua luz e seus passos. Que nas ondas do amor de Iemanjá orienta meu caminho.

Ao grande Mestre, Babalorixá e companheiro nesta obra, Ricardo, que me iniciou na Umbanda, me inspira na vida e me mostra a grandeza de um líder espiritual com humildade, amor, estudo e dedicação.

Ao Thales Hurtado, meu primeiro pai de desenvolvimento, que tanto me ensinou sobre a espiritualidade e encorajou meus primeiros passos.

Ao Cássio, grande pai pequeno que me acolheu, "adotou" e revela em si a grandeza do caminho espiritual.

Aos médiuns do CELV, meus irmãos, companheiros de espiritualidade revelada na prática diária.

A Isabella Fowler, por embelezar esta obra com seu olhar sensível, dedicado e acolhedor.

Às crianças com as quais tenho o prazer de conviver, meus grandes professores da vida, que faz meus dias mais alegres, inspirados e repletos de verdade.

SUMÁRIO

13 | *Introdução*

17 | CAPÍTULO 1 | **A espiritualidade livre e a Umbanda**
17 | Qual é a religião do futuro? É a Umbanda?
18 | O que vocês chamam de Umbanda dogmática?
19 | O que vocês querem dizer com Deusa?
20 | E o culto aos Orixás?
21 | Como viver uma espiritualidade libertária se as religiões impõem regras?
22 | Umbanda é de Deus?

25 | CAPÍTULO 2 | **Orixás: as forças da natureza**
25 | O que são os Orixás?
26 | E quem são os Orixás?
26 | Exu ou Elegbara
29 | Ogum
32 | Oxumarê
34 | Xangô
35 | Obaluaê
37 | Oxóssi
39 | Logun Edé
41 | Ossãe ou Oassain
43 | Obá
45 | Nanã
47 | Oxum
49 | Ewá
51 | Oxum
53 | Iemanjá
55 | Ibeji
57 | Iansã ou Oyá

59 | Iroko

61 | Orunmilá/Ifá

63 | Oxalá

67 | A mitologia acerca dos Orixás é real?

68 | O que são as quizilas ou tabus dos Orixás?

69 | O que são Orixás de cabeça?

69 | Somos filhos dos Orixás?

69 | Como saber quem são os Orixás que carrego?

70 | Qual a diferença entre Orixá e entidade, por exemplo, um caboclo?

71 | Todo mundo carrega um Orixá masculino "pai" e um Orixá feminino "mãe"? O que é masculino e feminino dentro da Umbanda?

73 | CAPÍTULO 3 | Fundamentos da Umbanda

73 | Por que vemos casas de Umbanda com rituais e práticas tão diferentes?

74 | Umbanda é coisa de gente ignorante?

76 | O que dizer do ataque de fanáticos religiosos aos cultos da Umbanda?

77 | O que são esses cartazes espalhados pelas cidades em que se lê que pais e mães de santo prometem trazer o amor em três dias?

78 | E como funcionam os trabalhos para arrumar emprego e fazer negócios?

81 | CAPÍTULO 4 | Práticas da Umbanda

81 | O que são as giras na Umbanda?

82 | Para que servem os banhos?

83 | Qual a utilidade das velas?

83 | Entidades e Orixás comem?

84 | Muita gente diz que a Umbanda é coisa do diabo. O que vocês podem dizer a respeito?

85 | O que é a firmeza de anjo de guarda?

85 | O que são cruzamentos?

85 | O que é coroação dentro da Umbanda?

86 | E do que se trata a feitura na Umbanda?

87 | Na Umbanda é possível ter o batismo, o casamento e até cerimônias fúnebres?

87 | O que são pontos na Umbanda?

88 | Para que servem os fios de contas?

88 | O que é um assentamento?

89 | O que é sacudimento?

91 | CAPÍTULO 5 | Eu recebo gente morta...
os sintomas de mediunidade e as entidades

91 | Sou médium, se não trabalhar vou ser castigado?

92 | Como a mediunidade se manifesta?

93 | Como a mediunidade é utilizada na Umbanda?

94 | O que se entende por guias na Umbanda?

102 | As histórias sobre as entidades disponíveis na internet são reais?

103 | Todo mundo incorpora espírito?

103 | Como saber se a mensagem é realmente de um espírito?

104 | Como se dá a incorporação?

105 | CAPÍTULO 6 | O passe na Umbanda

105 | O que é e para que serve um passe espiritual?

105 | Então o passe não é o principal dentro de uma consulta?

106 | E onde entra o desenvolvimento mediúnico?

106 | Quais são as características que um médium em desenvolvimento deve ter?

108 | E como acontece o preparo de gira?

109 | CAPÍTULO 7 | Sangue de planta tem poder

109 | Por que se usam plantas na Umbanda?

110 | Posso comprar banhos prontos nas lojas?

112 | Por que é importante um médium conhecer a fitoenergética?

113 | Para que sevem os elementos associados ao banho (pemba, mel, seiva de alfazema e óleos essenciais)?

114 | Fala-se muito pouco do uso de raízes. Como elas podem ser utilizadas?

114 | E as flores, quais suas propriedades energéticas?

114 | Frutas também podem ser utilizadas como fonte energética?

115 | Como aproveitar as fases da lua para cultivar ervas?

115 | Existe banho para todas as coisas? Quais são alguns exemplos?

117 | CAPÍTULO 8 | Comida de Santo: Oferendas e Rituais
para os Orixás e Guias Espirituais

117 | Orixá Exu

119 | Pombogira

119 | Orixá Ogum

120 | Orixá Oxóssi

12 | GUIA PARA QUEM TEM GUIA

121 | Orixá Ossãe
122 | Orixá Obaluaê/Omolu
123 | Orixá Oxumaré
125 | Orixá Nanã
126 | Orixá Ewá
127 | Orixá Oxum
129 | Orixá Logun Edé
130 | Orixá Obá
131 | Orixá Iemanjá
132 | Orixá Tempo/Iroko
133 | Orixá Iansã
135 | Orixá Xangô
136 | Orixá Oxalá

137 | GUIAS / ENTIDADES
137 | Caboclos
138 | Preto Velho
138 | Ciganos

141 | CAPÍTULO 9 | **Uma pausa até o próximo livro e o conceito de Infinito**

143 | *Glossário*

147 | APÊNDICE | **Guia de Ervas por Orixás**

INTRODUÇÃO

Este livro nasceu das inúmeras e frequentes perguntas daqueles que pisavam pela primeira vez no CELV – Centro Espiritualista Luz e Vida. Percebemos também que muitos médiuns, mesmo com vários anos dentro da Umbanda, sentiam-se confusos com as diferentes respostas encontradas em livros e mesmo em sites e blogs para uma mesma dúvida.

Em absoluto pretendemos codificar os princípios e fundamentos da Umbanda. Existe, inclusive, um capítulo que mostra e explica o motivo de tantas diferenças entre os diversos centros e terreiros. Na Ciência da Religião falamos de Cristianismos, de Pentecostalismos e Budismos. É possível falar de Umbandas.

O conteúdo que você encontrará neste livro é o resultado dos ensinamentos passados pelos guias de nossa casa, das nossas experiências nesses anos de trabalho mediúnico e de muito estudo, pesquisa e reflexão.

Compactuamos do preceito de Allan Kardec de que a fé precisa ser sempre raciocinada. Nenhuma crença pode ser incorporada sem que faça sentido para o indivíduo e jamais contrariar uma observação científica. É claro que não se pode só ficar no racional. Agostinho, há séculos, disse: compreender para crer, mas crer para compreender. Até porque há questões que nem a ciência consegue ainda explicar.

Nossa casa foi inaugurada em 2014 com a proposta de apoiar a cura de quem quer que seja, sem nenhuma pretensão de conversão de quem nos procura às nossas crenças ou criação de vínculos com nossos trabalhos. Ser um lugar que apoia e acolhe quem se sente desorientado é nossa primeira missão. Independente de crença religiosa, gênero, etnia, orientação sexual ou nível educacional. E quando falamos em cura, reiteramos que se trata de um suporte, pois é a medicina a principal ferramenta de quem se encontra em desequilíbrio físico ou emocional. Além disso, temos como princípio propor reflexões e estudos sobre as diversas terapêuticas holísticas e o intercâmbio entre os dois planos da vida.

O CELV herdou uma série de fundamentos do Centro Pai Ogum e Mãe Iemanjá, dirigido pela Mãe Rosa de Ogum, tia de nosso babalorixá, Ricardo Hida, que recebeu o nome de Jagunbumi, quando iniciado no Candomblé, para Oxaguian, no Ilê Opô Akorô, fundado pelo Pai Tasso Gadzanis de Ogum. A filosofia guaracyana também orienta todas as decisões da casa.

Mas não podemos deixar de mencionar que toda direção e caminhos são propostos pelos guias da casa: Pai Antônio de Angola, Exu das 7 Encruzilhas, Caboclo Flecheiro, Vô João de Angola, Exu Caveira e Caboclo Mata Real, guias de Akindémi e de Cássio Vilela, pai pequeno do CELV, cofundador e presidente da Casa.

A trajetória espiritual e mediúnica dos autores influenciou, sobremaneira, a obra.

Ricardo Hida nasceu em uma casa kardecista e vivenciou seus primeiros fenômenos mediúnicos na infância. Frequentou a Federação Espírita do Estado de São Paulo, o Centro Espírita Irmã Scheilla, onde coordenou o trabalho de evangelização infantil, e a Safrater-Casa do Caminho, quando, pela primeira vez, em uma aula na Escola de Médiuns, seu guia Pai Antônio foi visto por outros médiuns.

Em 2005 passou a frequentar o Templo Guaracy do Brasil, dirigido pelo babalorixá Carlos Buby, onde recebeu uma série de fundamentos e atuou como médium atendente até 2013 quando, juntamente com Cássio Vilela, se desligou da Casa e mergulhou no estudo de outras tradições e terapias como Apometria, Fitoenergética e Reiki.

Em 2014, a pedido do Exu 7 Encruzilhadas surgiu a CELV – Centro Espiritualista Luz e Vida, que conforme orientação dos mentores, não recebeu o nome de nenhum deles, porque o trabalho não pertence a um ou outro espírito, mas a um coletivo de almas interessadas em ajudar quem necessita.

Para entender os Orixás sob outro prisma, Ricardo e Cássio foram feitos no Candomblé, em Oxaguiã e Obaluaê, respectivamente. Mas é na Umbanda que a missão de ambos se desenvolve.

Já Bárbara Barreto, nasceu em uma família católica, mas cuja avó, filha de Iemanjá, trabalhava mediunicamente com as linhas da Umbanda. Seu nome de batismo é, inclusive, uma homenagem a Santa Bárbara, sincretizada com Iansã, Orixá de sua mãe.

Conheceu a Umbanda também no Templo Guaracy do Brasil, em 2011, onde foi iniciada. Em 2016 foi para o CELV, recebeu assentamentos para Oxossi e Obá.

Esta obra foi estruturada em perguntas e respostas para que seja um manual de rápida consulta e o ponto de partida para o aprofundamento dos estudos de mediunidade, bioenergética e de Umbanda.

Procuramos desmistificar uma série de práticas, mostrando que certos rituais têm um caráter muito mais cultural do que verdadeiramente espiritual. Porém, em momento algum pretendemos diminuir a importância de certos elementos ritualísticos. O importante é que o médium exerça seu livre-arbítrio e assuma uma postura consciente diante de tudo o que faz, dentro e fora do terreiro.

Sabemos que muitos irmãos da religião podem ter uma percepção diferente da nossa e isso não nos faz adversários, muito pelo contrário, é no constante exercício de pensar que desenvolvemos a civilidade, a gentileza e o respeito ao outro. Religiões que combatem a diversidade, a liberdade individual responsável é fadada ao fracasso.

O nome "Guia para quem tem guias" é uma referência bem-humorada para todos aqueles que têm consciência da existência, da fundamental importância de seus mentores espirituais e que carregam em seus pescoços os fios de contas, na Umbanda chamados de guias, com seus fundamentos mais sagrados.

Insistimos que esta obra não pretende impor uma verdade absoluta, mas são reflexões e estudos que servem como fundamentos para o Centro Espiritualista Luz e Vida. O leitor pode aproveitar das lições aqui apresentadas, mas deve saber que o seu maior guia é sua própria consciência.

CAPÍTULO 1

A ESPIRITUALIDADE LIVRE E A UMBANDA

Qual é a religião do futuro? É a Umbanda?

A pergunta deveria ser: qual o futuro das religiões? Muitas mensagens do plano espiritual nos mostram que, no futuro próximo, antes mesmo do que se imagina, as religiões não terão razão de existir como conhecemos hoje. Isso não significa que não haverá religião no futuro. Todos os futurólogos que apostaram nessa ideia se mostraram equivocados. Muitos intelectuais, inclusive, reviram suas posições. O que pode acontecer, como têm acontecido, é a religião ocupar um outro espaço na vida dos indivíduos e suas práticas sofrerem mutações em função do tempo e espaço.

Para alguns estudiosos, as religiões surgiram para dar uma resposta aos fenômenos naturais então inexplicáveis. Em seguida as práticas assumiram um papel de conectar o ser humano a um pedaço seu perdido, a reconexão com seu eu superior e à própria natureza. As religiões se tornaram, portanto, métodos humanos para reconectar o indivíduo a uma realidade astral não visível. Mas cumpriram e seguem cumprindo um papel normativo, ditando regras de convívio, e integrativo nas diferentes sociedades.

As diversas escolas religiosas também tinham o objetivo de assegurar a preservação da espécie e criaram, através de seus sacerdotes e livros sagrados, uma série de regras, que hoje não fazem mais sentido.

Nas tradições judaico-cristãs, por exemplo, a carne de porco era condenada, pois poderia levar o indivíduo à morte. Hoje em dia sabemos que a razão não é uma fúria divina, mas é de conhecimento popular de que, quando malconservada e pouco cozida, seu consumo pode ocasionar uma série de doenças.

A homossexualidade, assim como a interdição de métodos contraceptivos era um tabu porque, em função de guerras, das pestes e do pouco conhecimento da medicina, a taxa de mortalidade era muito mais alta que atualmente e a expectativa de vida, bem menor. Era, portanto, necessária uma alta taxa de natalidade – e a consequente certeza de muitos descendentes e jovens – para garantir a sobrevivência dos grupos humanos.

É preciso, na leitura de qualquer obra, ainda que considerada sagrada, refletir sobre o momento histórico em que foi escrita e também um cuidado em se perceber simbologias, e não se ater somente à interpretação literal. Tal postura, inclusive é aquela proposta por importantes pensadores católicos e protestantes. Uma leitura da Bíblia levando em consideração seu aspecto histórico e simbólico.

A palavra espírito, em sua etimologia, se refere à essência. A espiritualidade, seja através de práticas religiosas ou não, tem o dever de conduzir o indivíduo a conhecer seus valores mais essenciais.

Se a religião era um conjunto de práticas e ensinamentos para ligar fiéis a uma força externa e em algum lugar acima de suas cabeças, atualmente uma série de outras correntes, inclusive terapêuticas não dogmáticas, nada opressoras, vem ajudando o ser humano a se reencontrar.

A Umbanda, tem sido o caminho escolhido por muitos grupos no Brasil e no exterior. Mas a Umbanda dogmática e irracional não terá espaço no futuro.

O que vocês chamam de Umbanda dogmática?

É a prática religiosa que herda os preconceitos das antigas religiões e que desencoraja a reflexão e a autonomia Trata-se de um culto repleto de superstições, culpas, medos e nenhum tipo de questionamento racional.

Damos como exemplo casas que atemorizam seus frequentadores, criam dependência ou que seguem certas tradições antigas, sem uma justificativa coerente, como por exemplo aquelas que não funcionam durante a Quaresma porque acreditam que o período é vulnerável e pode causar danos a seus trabalhadores. Trata-se uma tradição histórica católica, que merece respeito enquanto crença, mas que, do ponto de vista racional, não tem razão de continuar existindo. O mesmo acontece quando, dentro de um terreiro, se dividem certas funções dependendo do gênero, masculino ou feminino, ou ainda quando se apega estritamente a um entendimento literal da mitologia dos Orixás.

Qualquer que seja a prática espiritual do futuro, ela deverá estar aberta a questionamentos frequentes por parte de seus seguidores em que seus dirigentes não exercem poder sobre seus liderados, mas em que a autoridade é construída na inspiração e no exemplo.

A terminologia "pai de santo" ou "mãe de santo" é, por si só, equivocada, partindo do pressuposto de que o pai ou a mãe do santo ou Orixá é a Inteligência Universal, ou comumente chamado(a) de Deus ou Deusa e não um ser humano.

Os babalorixás e ialorixás devem ser orientadores espirituais que preservam conhecimentos doutrinários e que apoiam o indivíduo na sua relação sadia com o Sagrado. São cuidadores, zeladores, da relação dos filhos de santo com seus Orixás.

O que vocês querem dizer com Deusa?

Durante muito tempo criou-se a ideia, principalmente nas sociedades ocidentais, de que a Mente Suprema ou Fonte da Vida, tem que ser referida e cultuada como uma figura masculina. Em muitas sociedades no passado e em outros pequenos grupos espalhados no mundo a ideia da grande mãe ainda prevalece.

De toda maneira, essa grande força, que Allan Kardec chama de causa primária de todas as coisas, ou ainda na filosofia grega, a causa sem causa, não tem a forma humana, tampouco, ao contrário do que se diz, está refletida na imagem do ser humano, mas em sua essência.

No decorrer da história, criou-se uma confusão ao se atribuir a Deus o codinome de "pai". A maior parte das pessoas projeta em Deus as mesmas características que o pai físico de cada pessoa possui, e a força criadora passa a ter um caráter irado, negociador e punitivo.

A Inteligência Maior criou leis perfeitas e imutáveis. Dessa maneira, o que acontece de ruim para alguém não é um castigo, mas apenas o resultado de uma ação equivocada. A famosa lei da ação e reação, nada vinculada à moralidade humana, que muda de lugar para lugar e em cada época.

A verdadeira espiritualidade consiste em se perceber como funcionam as leis da natureza e viver em equilíbrio constante com elas. E a melhor maneira de relacionar-se com "Deus" é viver em paz com a própria essência, respeitando a dos outros indivíduos. Mas se o indivíduo precisa criar uma imagem para facilitar essa relação, esse não é um problema que se refira a essa Força Absoluta como Mãe, no lugar de Pai. É preciso transcender o entendimento dessa Força Maior.

E o culto aos Orixás?

Orixás são forças da natureza que recebem nomes diferentes em culturas distintas. E aqui vale um adendo. Orixá não é energia. É a força que movimenta a energia. Na tradição africana a força que comanda o trovão é chamada de Xangô, para os nórdicos Thor e para certas tribos brasileiras Caramuru. Não importa como é conhecida, mas como se manifesta na natureza e como lidamos com ela. Os Orixás têm uma representação espiritual, física, energética e filosófica. Conhecer com profundidade suas características permite ao ser humano viver em equilíbrio com essas forças. Mas a verdadeira espiritualidade exige uma transcendência da própria consciência. Saber lidar essas forças ou energias não torna ninguém espiritualizado, mas saber se alinhar em conformidade com a ética cósmica é o que torna um espírito superior.

Um biólogo ou um oceanógrafo ao cuidar do mar não deixa de ser um sacerdote de Iemanjá. Um guarda florestal não deixa de cultuar Oxóssi.

Há um movimento recente que procura associar Orixás a ancestrais, ou seja, pessoas que já tiveram uma passagem na Terra. Embora respeitável, tal ideia ainda carece de muita reflexão e debate. Não se pretende, em absoluto, se desconectar os Orixás da África, muito pelo contrário, é preciso reconhecer a sabedoria dos diferentes povos africanos em revelar também certas leis espirituais. Mas ao se entender os Orixás como Forças da Natureza e expressões divinas, busca-se universalizar o conceito, mostrando que seu culto merece ocupar posição equivalente a outros cultos sagrados da Europa, Américas, Oceania e Ásia.

Há dois problemas ao querer atribuir uma existência humana aos Orixás: o primeiro é que as diferentes estórias hoje conhecidas e que contam a saga de cada Orixá apontam grandes diferenças e podem criar confusão e dúvida aos estudiosos e adeptos das religiões. Ao se entender cada mito ou narrativa na perspectiva simbólica, extrai-se conhecimentos e fundamentos profundos e sábios.

O segundo problema é que as religiões estão repletas de pessoas que foram deificadas. Ao se considerar Orixás Forças da Natureza, estamos sacralizando a própria Natureza. Ao entender que Oxum é a Força que existe nas águas, a relação dos indivíduos muda com as nascentes, rios, cachoeiras e até a chuva. Ao se cultuar Ossãe como a Força curativa presente nas Folhas, a relação com queimadas, com a devastação muda.

Há milhares de religiões no mundo. A maior parte delas fechadas em templos e cultuando personalidades. A Umbanda é uma religião que entende o mundo como grande templo e a Natureza como expressão divina e, portanto, sagrada.

Como viver uma espiritualidade libertária se as religiões impõem regras?

A espiritualidade libertária ou independente é uma relação sadia do indivíduo consigo próprio e com o próximo, incluindo outros animais, plantas, objetos e até o tempo, ter um autoconhecimento e um equilíbrio constante, mesmo diante de situações instáveis pelas quais todos passam. É uma valorização do que se sente, um respeito pela própria existência. É o entendimento que a posse de si mesmo é um valor sagrado e inalienável.

Haverá um dia que o ser humano atuará sobre seu próprio universo apenas usando os poderes mentais. A experiência na Terra é fundamental para desenvolvermos o domínio sobre a matéria. Em outras dimensões extrafísicas, muito mais evoluídas que a nossa, tudo se dá apenas usando-se a força da mente, e, para isso acontecer, temos ainda um longo caminho a percorrer.

Nas religiões há ritualística e liturgia, formas de disciplina que existem justamente para treinar os indivíduos a dominar e exercitar suas potencialidades, mas as regras precisam ter uma razão de existir, e essa razão deve ser explicada para todos aqueles que a elas se submetem.

Umbanda é de Deus?

Vamos falar a verdade: quando se pensa em Umbanda vêm à mente de muitas pessoas apenas trabalhos de magias, velas, cachaça e farofa jogados na encruzilhada, lojas em que se vendem soluções fáceis e cartazes com promessas de amor, dinheiro e vingança.

Com esse rótulo criado a partir de leituras equivocadas da realidade fica difícil acreditar que a Umbanda seja uma religião cristã que enxerga os elementos africanos e indígenas como SAGRADOS, incorporando-os e valorizando-os em sua constituição. É uma religião que trata de forma igualitária e muito respeitosa espíritos que se apresentam como velhos, negros, camponeses e indígenas, colocando-os no mesmo patamar que os tradicionais anjos da guarda católicos, sempre representados como jovens e loiros.

A Umbanda é como o Brasil: com diferentes culturas, cores, etnias, ritmos, santos e rezas. Um centro ou terreiro recebe fiéis de todas as religiões sem pregações ou distinção. O maior objetivo de um centro umbandista não é converter pessoas nem arregimentar fiéis, mas ajudar, quem quer que seja, a ter uma maior consciência espiritual, além de viver de forma mais saudável, ética e feliz, por meio de atendimentos mediúnicos públicos e gratuitos. Sim, gratuitos! Embora um terreiro tenha suas despesas, a conversa com os espíritos não pode ser cobrada, como determina um dos cinco pilares da religião.

O primeiro pilar na Umbanda é a crença em um Deus único. Para os umbandistas, no entanto, a Grande Força não é uma figura masculina de barba branca e punitiva, com características humanas; mas sim uma Inteligência Maior que criou todas as leis universais, muitas delas já descobertas pela ciência e que por si só regulam o andamento dos universos.

O segundo pilar que sustenta a Umbanda é a crença na imortalidade do espírito que, através de sucessivas encarnações, vive experiências distintas, revelando as potencialidades e qualidades que um espírito carrega dentro de si.

O terceiro pilar afirma que o carma não é um castigo ou uma recompensa por alguma boa ou má ação. Trata-se do resultado de uma forma de ser, estar e agir no mundo. Ou como, dizem os baianos – uma linha de trabalho na Umbanda, como veremos adiante –, cada um colhe o que plantou. Em nossa crença o mundo exterior é um reflexo do universo interior de cada pessoa, o que é também conhecido como lei da afinidade ou da frequência vibratória. Em uma mesma sociedade há diferentes sintonias, aqueles que vivem na paz e na luz e outros que preferem a violência e a agressividade.

O quarto eixo trata a respeito da comunicação direta com os espíritos. Dimensões energéticas diferentes podem manter intercâmbio entre si. Desde que o ser humano passou pela Revolução Cognitiva, a percepção de outras dimensões o acompanha. Há espíritos desencarnados que podem atrapalhar a vida de um encarnado, mas na Umbanda, espíritos mais esclarecidos e mais lúcidos se manifestam para orientar, dar uma outra perspectiva e mostrar uma realidade maior para os que estão na dimensão física. No caso de um médium umbandista, quem o orienta é um guia, um mentor, um espírito que deseja ajudar e que ama seu tutelado. Com isso queremos dizer que no processo de incorporação, por exemplo, um mestre se manifesta através de um encarnado, compartilhando experiências, orientando, mas sempre respeitando o livre-arbítrio.

O resultado mais visível é o enfraquecimento da dependência de um encarnado às autoridades religiosas terrenas, o que causa desconforto. O padre, o pastor, o rabino, o sheiki, o guru, perdem parte de seu domínio sobre outras pessoas e aqueles que eram submissos são obrigados a se responsabilizar pelas suas próprias vidas e não podem mais atribuir a resolução e o poder de suas vidas para outros encarnados.

O quinto e último pilar é a generosidade. Ou seja, servir de intermediário para auxiliar as pessoas que necessitam encontrar uma cura, um propósito maior em suas vidas, sem esquecer que toda e qualquer comunicação dos espíritos tem no médium o principal ouvinte. Em nossa religião, quem ajuda o semelhante está servindo ao "exército de Oxalá" formado por pessoas que colaboram para maior consciência espiritual das sociedades. Nesse contexto é preciso atenção para o uso da palavra caridade. Tradicionalmente, nesse conceito está implícita a ideia de um indivíduo melhor ajudar outro que está em uma condição desfavorecida, o que não é verdade. O que se tem é um apoio mútuo. Em um instante da vida, quem está passando por um momento triste pode encontrar o apoio em um irmão. Em outro momento, os papéis se invertem. E a prática da caridade, ou da ajuda mútua, não garante o reino dos céus. Ela nada mais é que uma obrigação de quem é humano para a manutenção de uma vida em sociedade e preservação da própria espécie.

É importante lembrar que a Umbanda está estruturada em uma lei da ética cósmica que afirma que você nunca deve fazer ao outro o que não gostaria que fizessem para você.

A Umbanda possui elementos cristãos em seu culto e em seus fundamentos. Jesus é a expressão de um Orixá, Oxalá. Muitas casas, com forte influência católica, têm em seus altares a figura de Jesus. Os centros de influência kardecista têm na figura de Cristo o grande Mestre, e seus ensinamentos estudados servem como parâmetro de conduta.

Dentro dessa perspectiva, como dizer que a Umbanda não é uma expressão das leis divinas?

CAPÍTULO 2

ORIXÁS: AS FORÇAS DA NATUREZA

O que são os Orixás?

Como dito anteriormente, Orixás são forças da natureza que têm uma manifestação física, energética e espiritual. Quando falamos de Iemanjá, por exemplo, ela está em todas as águas salgadas presentes na natureza, do mar à lágrima; sua manifestação energética está na criatividade e maternidade e a espiritual no estado de transe durante um toque de candomblé ou gira.

Não possuem forma humana ou gênero, e as imagens e lendas que encontramos são representações antropomórficas dessas forças.

Essas forças da Natureza são universais, embora o nome Orixá e seus fundamentos tenham origem nas religiões de matriz africana.

O cérebro humano precisa criar formas para se relacionar com elementos concretos e abstratos. Ao se criar uma forma humana, a relação tornou-se mais fácil. Hoje já é possível ter um outro entendimento e através de mitologia comparada e essas forças podem ser encontradas em diversas culturas com nomes distintos. Os estudos dos arquétipos de Jung mostram que em toda história e diferentes áreas geográficas encontraremos o caçador, o ancião, o guerreiro, a grande mãe, o curador, a beleza feminina, a sabedoria e as grandes bruxas.

Vale frisar que mitologia não é contos de fada. Todas as religiões têm seus mitos e ritos. Esse é um ponto de forte concordância em teologia, ciência da religião, antropologia e sociologia.

E quem são os Orixás?

Vamos falar a seguir dos Orixás mais conhecidos e cultuados no Brasil. Há muitos outros como Okô, Orô, Ajè Xaluga, Onilé, Onirã, que, por razões históricas, não possuem devotos no Brasil; outros se transformaram em qualidades dos Orixás mais cultuados nas religiões de matriz africana.

Há casas de Umbanda onde se cultuam e estudam apenas sete Orixás. Em outras, como o CELV - Centro Espiritualista Luz e Vida, segue-se com dezoito. São eles:

EXU ou ELEGBARA

Mito de Exu

Exu não tinha riqueza, não tinha fazenda, não tinha rio, não tinha profissão, nem artes, nem missão. Exu vagabundeava pelo mundo sem paradeiro. Então, um dia, Exu passou a ir à casa de Oxalá, para onde se dirigia todos os dias. Na casa de Oxalá, Exu se distraía, vendo o velho fabricar os seres humanos. Muitos e muitos também vinham visitar Oxalá, mas ali ficavam pouco, quatro, oito dias, e nada aprendiam. Traziam oferendas, viam o velho orixá, apreciavam sua obra e partiam. Exu ficou na casa de Oxalá dezesseis anos. Exu prestou muita atenção na modelagem e aprendeu como Oxalá fabricava as mãos, os pés, a boca, os olhos, o pênis dos homens, as mãos, os pés, a boca, os olhos, a vagina das mulheres. Durante dezesseis anos ali ficou ajudando o velho orixá. Exu não perguntava. Exu observava. Exu prestava atenção. Exu aprendeu tudo. Um dia Oxalá disse a Exu para postar-se na encruzilhada por onde passavam os que vinham a sua casa, para ficar ali e não deixar passar quem não trouxesse uma oferenda a Oxalá. Casa vez mais havia humanos para Oxalá fazer. Oxalá não queria perder tempo. Exu recolhia os presentes que todos lhe ofereciam. Oxalá nem tinha tempo para as visitas. Exu tinha aprendido tudo e agora podia ajudar Oxalá. Exu coletava os ebós para Oxalá. Exu recebia as oferendas e as entregava a Oxalá. Exu fazia bem seu trabalho e Oxalá decidiu recompensá-lo. Assim, quem viesse à casa de Oxalá teria que pagar também alguma coisa a Exu. Quem estivesse voltando da casa de Oxalá teria que pagar também alguma coisa a Exu, que se mantinha sempre a postos guardando a casa de Oxalá. Armado de um ogó, poderoso porrete, afastava os indesejáveis e punia quem tentasse burlar sua vigilância. Exu trabalhava demais e fez ali a sua casa, ali na encruzilhada. Ganhou uma rendosa profissão, ganhou seu lugar, sua casa. Exu ficou rico e poderoso. Ninguém pode mais passar pela encruzilhada sem pagar alguma coisa a Exu.

(Domínio público)

Cantigas de Exu

Odara, morador da encruzilhada
Firma seu ponto, com sete facas cruzadas
Filho de Umbanda, pede com fé
Pra seu Sete Encruzilhadas, que ele dá o que você quer.
Laroyê, Seu Sete Encruzilhadas!

(Domínio público)

Padilha moça Formosa, Formosa Padilha é
Padilha entra na roda onde tem exu mulher
Cadê seu cordão de ouro,
Cadê seu brinco Dourado,
Cadê sua sandália linda,
Ô Padilha, pisa nessa banda linda.

(Domínio público)

É a força que dá início à vida e a um novo ciclo, por isso é o primeiro Orixá a ser cultuado em qualquer tradição africana. Representa a libido, o fogo primordial que impulsiona qualquer movimento. É também conhecido na Umbanda e no Candomblé, assim como em outras mitologias, como o senhor do comércio e da comunicação. Foi e é alvo de preconceito e perseguições porque é o vetor que permite a rebeldia, a prosperidade e a independência. É conhecido como o senhor das possibilidades e dos caminhos.

É representado pelas cores preta e vermelha, e é responsável pelo chacra básico ou genésico, que permite a potência de autoconfiança. É cultuado na segunda-feira, por ser o primeiro dia útil da semana. Sua saudação é Laroyê.

Para Exu se oferecem geralmente farofa (a mais comum, de mandioca com azeite de dendê e pimenta), cachaça, charutos. Em algumas casas também se oferece bife de fígado, comprado em açougue, selado no dendê. Em nossa casa, preferimos trabalhar com axé que venha do reino mineral e vegetal, não animal.

O Orixá rege o sistema imunológico e também a sexualidade.

Filhos de Exu têm forte magnetismo pessoal, habilidades na comunicação e nos negócios, conseguem perceber os dois lados da moeda, dificilmente são enganados, possuem alta libido sexual e podem ser muito divertidos, chegando até ao deboche.

Veremos mais adiante que não se pode confundir o Orixá Exu com as entidades conhecidas como exus e bombojiras – ou pombagiras.

Os Exus e suas qualidades, em um primeiro momento, podem assustar os que não conhecem seus fundamentos. Tranca Rua, por exemplo, é visto como ameaça à prosperidade, mas é aquele que pode fechar caminhos perigosos e até "travar" doenças e males físicos. Muitos trabalhos que apoiam a cura do câncer trabalham com essa força para que o mal não se espalhe pelo corpo.

Nas tradições de Angola, Bombojira é um orixá feminino que expressa as mesmas qualidades do Orixá Exu. Tampouco devemos confundir com as entidades femininas que se manifestam na Umbanda. Se Exu é potência, a Bombojira, ou Pombagira, é a consciência.

Já a força conhecida como Exu Mirim é um elemental da Natureza, como existem as salamandras, silfos. Possuem consciência, embora ainda não no mesmo patamar que a do ser humano.

OGUM

Mito de Ogum

Ogum era o mais velho e o mais combativo dos filhos de Odudua, o conquistador e rei de Ifé. Por isso, tomou-se o regente do reino quando Odudua, momentaneamente, perdeu a visão. Ogum era guerreiro sanguinário e temível.

"Ogum, o valente guerreiro, o homem louco dos músculos de aço! Ogum, que tendo água em casa, lava-se com sangue!"

Ogum lutava sem cessar contra os reinos vizinhos. Ele trazia sempre um rico espólio de suas expedições, além de inúmeros escravos. Todos esses bens conquistados ele entregava a Odudua, seu pai, rei de Ifé.

"Ogum, o violento guerreiro, o homem louco, dos músculos de aço. Ogum, que tendo água em casa, lava- se com sangue!"

Ogum teve muitas aventuras galantes. Ele conheceu uma senhora, chamada Elefunlosunlori, "aquela que pinta a cabeça com pó branco e vemelho, era a mulher de Orixá Okô, o Deus da Agricultura. De outra feita, indo para a guerra, Ogum encontrou, à margem de um riacho, uma outra mulher, chamada Ojá, e com ela teve o filho Oxóssi. Teve, também, três outras mulheres que se tomaram, depois, mulheres de Xangô, Kawo Kabieyesi Alafin Oyó Alayeluwa! Saudemos o Rei Xangô, o dono do palácio de Oyó, Senhor do Mundo!" A primeira Iansã era bela e fascinante; a segunda, Oxum, era coquete e vaidosa; a terceira, Obá, era vigorosa e invencível na luta.

Ogum continuou suas guerras. Durante uma delas ele tomou Irê. Antigamente, essa cidade era formada por sete aldeias. Por isto chamam-no, ainda hoje, Ogum mejejê lodê lrê "Ogum das sete partes de Irê"

Ogum matou o rei Onirê e o substituiu pelo próprio filho, conservando para si o título de rei. Ele é saudado como Ogum Onirê! "Ogum Rei de Irê!" Entretanto, ele foi autorizado a usar apenas uma pequena coroa, "akorô". Daí ser chamado, também, de Ogum Alakorô – "Ogum dono da pequena coroa".

Após instalar seu filho no trono de Irê, Ogum voltou a guerrear por muitos anos. Quando voltou a Irê, após longa ausência, ele não reconheceu o lugar. Por infelicidade, no dia de sua chegada, celebrava-se uma cerimônia, na qual todo mundo devia guardar silêncio completo. Ogum tinha fome e sede. Ele viu as jarras de vinho de palma, mas não sabia que elas estavam vazias.

O silêncio geral pareceu-lhe sinal de desprezo. Ogum, cuja paciência é curta, encolerizou-se. Quebrou as jarras com golpes de espada e cortou a cabeça das pessoas. A cerimônia tendo acabado, apareceu, finalmente, o filho de Ogum e ofereceu-lhe seus pratos prediletos: caracóis e feijão, regados com dendê; tudo acompanhado de muito vinho de palma.

"Ogum, violento guerreiro, o homem louco dos músculos de aço. Ogum, que tendo água em casa, lava- se com sangue!"

"Os prazeres de Ogum são o combate e as brigas. O terrível Orixá, que morde a si mesmo sem dó! Ogum mata o marido no fogo e a mulher no fogareiro. Ogum mata o ladrão e o proprietário da coisa roubada!"

Ogum, arrependido e calmo, lamentou seus atos de violência, e disse que já vivera bastante, que viera agora o tempo de repousar. Ele baixou, então, sua espada e desapareceu sob a terra. Ogum tornara-se um Orixá.

(Domínio público)

Cantiga de Ogum

Ô Ogum!
Ô Ogunhê, iê, iê!
Ô Ogum!
Ogum Xoroquê!
Meu senhor das estradas,
Ogunhê!
Abra meus caminhos,
Ogunhê!

Meu senhor da porteira,
Ogunhê!
Ele é meu pai, Ogum Xoroquê!

(Tião Casemiro)

Quem beira rio, beira rio, beira mar
O que se ganha de Ogum, só Ogum pode tirar
Seu Ogum de ronda, é quem vem guiar
Vem trazendo folhas, pra descarregar.

(Domínio público)

É o arquétipo do guerreiro, senhor da tecnologia, dos caminhos, do ferro e do domínio do homem sobre a natureza. Sempre é cultuado imediatamente após Exu, pois é ele que dá o caminho para o fogo alcançar seus objetivos. É o fogo transformando a matéria. É muito popular no Brasil por conta da ideia de ser um grande guerreiro que não só abre os caminhos, mas também protege quem está sob sua tutela... Ogum representa virilidade, a impulsividade e a conquista. Mas principalmente fala de movimento contínuo e ritmo. Comanda o chacra cardíaco.

É representado pelas cores azul-escuro ou na Umbanda mais tradicional pelo branco e vermelho. Sua saudação é Ogum Iê ou Patakori Ogum. E o dia de semana para seu culto é terça-feira.

Para Ogum se pode oferecer feijão preto cozido com dendê, inhame com mel ou dendê e cerveja clara. Há quem ofereça rum e também charutos.

Há inúmeras qualidades de Ogum, dependendo de onde atua: Ogum Megê, Ogum Beira Mar, Ogum Rompe Mato, Ogum Naruê, Ogum Dilê, Ogum Iara, entre outros.

Ogum rege os músculos, a corrente sanguínea e a pressão arterial.

Filhos de Ogum geralmente são fechados, batalhadores, mal--humorados, inflexíveis, incansáveis, briguentos, com habilidades e paixões por novidades tecnológicas. Mas as qualidades desse Ogum podem intensificar ou amenizar essas características. São dotados de forte conceito ético e toleram muito pouco mentiras e desonestidade.

OXUMARÊ

Mito de Oxumarê

Oxumarê era um rapaz muito bonito e invejado, suas roupas tinham todas as cores do arco-íris e suas joias de ouro e bronze faiscavam de longe. Todos queriam aproximar-se de Oxumarê, mulheres e homens, todos queriam seduzi-lo e com ele se casar.

Mas Oxumarê era também muito contido e solitário, preferia andar sozinho pela abóbada celeste, onde todos costumavam vê-lo em dia de chuva.

Certa vez Xangô viu Oxumarê passar, com todas as cores de seu traje e todo brilho de seus metais; Xangô conhecia a fama de Oxumarê de não deixar ninguém dele se aproximar, preparou então uma armadilha para capturar o Arco-Íris. Mandou chamá-lo para uma audiência em seu palácio e, quando Oxumarê entrou na sala do trono, os soldados de Xangô fecharam as portas e janelas, aprisionando Oxumarê junto com Xangô.

Oxumarê ficou desesperado e tentou fugir, mas todas as saídas estavam trancadas pelo lado de fora. Xangô tentava tomar Oxumarê nos braços e Oxumarê escapava, correndo de um canto para outro. Não vendo como se livrar, Oxumarê pediu ajuda a Olorum e Olorum ouviu sua súplica.

No momento em que Xangô imobilizava Oxumarê, ele foi transformado numa cobra, que Xangô largou com nojo e medo. A cobra deslizou pelo chão em movimentos rápidos e sinuosos. Havia uma pequena fresta entre a porta e o chão da sala e foi por ali que escapou Oxumarê.

Assim livrou-se Oxumarê do assédio de Xangô. Quando Oxumarê e Xangô foram feitos orixás, Oxumarê foi encarregado de levar água da Terra para o palácio de Xangô no Orum, mas Xangô não pode nunca se aproximar de Oxumarê.

(Domínio público)

Cantiga de Oxumarê

Oxumarê vem nos ajudar
Oxumarê vem nos ajudar
Vem descendo em seu Arco-íris
Pra nossa umbanda abençoar
Oxumarê filho de Name
Mora no orum com Pai Oxalá
Quando na terra é a grande cobra
E na umbanda é Orixá
Ele rasteja em nossas matas
No Arco-íris ele corta o céu
Arroboboy seus filhos lhe saudam
Oxumarê é o senhor do céu.

(Domínio público)

Senhor das dualidades, é quem liga o céu à terra através do arco-íris e interior ao exterior. É simbolizado também pelo oroboro (a serpente que come a própria cauda), mostrando que não existe um fim absoluto e que os limites são muito permeáveis. Força responsável pela composição, a união energética e por manter a unidade nos corpos. Contém dentro de si o princípio masculino e feminino (Yin – yang).

Cultua-se às terças-feiras e se oferece batata-doce preparada dentro dos fundamentos próprios. No candomblé se usam firmas rajadas pretas e verdes ou pretas e amarelas. Na Umbanda se usam as sete cores nas firmas e nas velas.

É cultuado também às terças-feiras. É chamado Orixá da Família da Palha porque vem da mesma família de culto de Obaluae, Nanã e Ewá.

Oxumaré rege o sistema locomotor e a pele, sendo responsável pelo chacra umbilical. Sua saudação é Arroroboi.

Trabalha-se com essa força da natureza para se alcançar prosperidade e união.

XANGÔ

Mito de Xangô

Xangô cumpre a promessa feita a Oxum.

Quando Xangô pediu Oxum em casamento, ela disse que aceitaria com a condição de que ele levasse o pai dela, Oxalá, nas costas para que ele, já muito velho, pudesse assistir ao casamento. Xangô, muito esperto, prometeu que depois do casamento carregaria o pai dela no pescoço pelo resto da vida; e os dois se casaram. Então, Xangô arranjou uma porção de contas vermelhas e outra de contas brancas, e fez um colar com as duas misturadas. Colocando-o no pescoço, foi dizer a Oxum: "Veja, eu já cumpri minha promessa. As contas vermelhas são minhas, e as brancas, de seu pai; agora eu o carrego no pescoço para sempre.".

(Domínio público)

Cantiga de Xangô

Estava dormindo sobre a pedra
quando a Umbanda me chamou
acorda que já é hora
e vem ouvir o lindo brado de Xangô.

(Domínio público)

Xangô, meu pai, deixa essa pedreira aí
Umbanda está lhe chamando, deixa essa pedreira aí!

(Domínio público)

Senhor do fogo, dos trovões, das pedras, da lei e da justiça. Xangô é a materialização dos sonhos, a cristalização dos ideais e projetos na Terra, a transformação do abstrato em concreto. Comanda as leis, pois são elas que estruturam qualquer comunidade humana e consequentemente a justiça. Também representa a vida no plano material e o prazer que ela proporciona, com equilíbrio.

É um Orixá profundamente vinculado à sensorialidade. As lendas de Xangô falam de seu prazer ao comer, ao se relacionar com suas esposas e também com seu bom humor.

Ou seja, Xangô representa a explosão e celebração da própria vida na Terra. É importante lembrar que, quando se existe dificuldade em se concretizar algo, o problema nunca está em uma relação desalinhada com Xangô, mas em outros Orixás que o antecedem, pois a materialização é a consequência de um processo.

Saúda-se Xangô com Kaô Kabecilê, sua cor é marrom (no candomblé, branco e vermelho) e oferece-se amalá ou acará. O principal dia de culto é quarta-feira. Rege o sistema ósseo e o chacra básico.

O machado de duas lâminas, *oxé*, antes de cortar quem é julgado, se volta primeiro para quem julga.

OBALUAÊ

Mito de Obaluaê

Diz uma lenda que Xangô, um rei muito vaidoso, deu uma grande festa em seu palácio e convidou todos os Orixás, menos Obaluaê, pois as suas características de pobre e de doente assustavam o rei do trovão. No meio do grande cerimonial todos os outros Orixás começaram a notar a falta do Orixá Rei da Terra e começaram a indagar o porquê da sua ausência, até que um deles descobriu que ele não havia sido convidado.

Todos se revoltaram e abandonaram a festa indo à casa de Obaluaê pedir desculpas, Obaluaê recusava-se a perdoar aquela ofensa até que chegou a um acordo; daria uma vez por ano uma festa em que todos os Orixás seriam reverenciados e este ofereceria comida a todos desde que Xangô comesse aos seus pés e ele aos pés de Xangô.

Nascia assim a cerimônia do Olubajé. Porém, existem diversas outras lendas que narram outros motivos sobre o porquê de Xangô e Ogum não se manifestarem no Olubajé.

(Domínio público)

Cantiga de Obaluaê

Debaixo da palha tem um velho
Guerreiro e sábio, sim Senhor.
Tem búzios, tem palha Atotô,
Atotô Obaluaê.
É o velho Obaluaê, É o velho Obaluaê, É o velho Obaluaê
Atotô Obaluaê

(Domínio público)

O arquétipo do velho curandeiro. Senhor das doenças e das curas, exerce domínio no reino dos mortos. Responsável pelas grandes transformações e recompensas advindas do esforço, da dedicação e da disciplina.

Temido não só pela sua ligação com a morte, com as doenças, mas também porque não admite comportamentos desleais.

Apresenta-se sempre com o azé, manto feito de palha da costa que o encobre totalmente. Diz a lenda que Omolu usava o azé para esconder sua feiura e a pele coberta de cicatrizes advindas da varíola.

Na verdade, a palha da costa é uma matéria-prima com forte simbologia magística que pode afastar maus espíritos e também encobrir segredos.

Suas cores são o preto e branco na Umbanda. Contas vinho rajadas com preto. Algumas vezes o vermelho também se faz presente. É cultuado às segundas-feiras. Pipoca e feijão preto preparado são oferendas para o Orixá.

Sua saudação é Atotô. Com relação ao nome, há várias posições: há quem use o nome Obaluaê, senhor da Terra; há quem use Omolu; e há quem use os dois justificando serem qualidades diferentes.

Omolu é chamado de Obaluaê velho ou o senhor da decomposição. Há casas que dizem que Obaluaê incorpora em mulheres e Omolu em homens. Na verdade é apenas uma questão de fundamento em cada casa em que, até o presente momento, não há um consenso. E, muito possivelmente, não haverá. No CELV consideramos Omolu o Orixá da decomposição.

Rege o sistema digestivo e é responsável pelo chacra plexo solar.

OXÓSSI

Mito de Oxóssi

Olofin Odùduà, rei de Ifé, celebrava a festa dos novos inhames, um ritual indispensável no início da colheita, antes do qual ninguém podia comer desses inhames. Chegado o dia, uma grande multidão reuniu-se no pátio do palácio real. Olofin estava sentado em grande estilo, magnificamente vestido, cercado de suas mulheres e de seus ministros; enquanto os escravos o abanavam e espantavam as moscas, os tambores batiam e louvores eram entoados para saudá-lo. As pessoas reunidas conversavam e festejavam alegremente, comendo dos novos inhames e bebendo vinho de palma. Subitamente um pássaro gigantesco voou sobre a festa, vindo pousar sobre o teto do prédio central do palácio. Esse pássaro malvado fora enviado pelas feiticeiras, as Ìyámi Òsòròngà, chamadas também Eleye, isto é, as proprietárias dos pássaros, pois elas utilizam-nos para realizar seus nefastos trabalhos. A confusão e o desespero tomam conta da multidão. Decidiram, então, trazer sucessivamente Oxotogun, o caçador das vinte flechas, de Ido; Oxotogí, o caçador das quarenta flechas, de Moré; Oxotadotá, o caçador das cinquenta flechas, de Ilarê; e finalmente Oxotokanxoxô, o caçador de uma só flecha, de Iremã. Os três primeiros, muito seguros de si e um tanto fanfarrões, fracassaram em suas tentativas de atingir o pássaro, apesar do tamanho deste e da habilidade dos atiradores. Chegada a vez de Oxotokanxoxô, filho único, sua mãe foi rapidamente consultar um babalaô, que lhe declarou: "Seu filho está a um passo da morte ou da riqueza. Faça uma oferenda e a morte tornar-se-á riqueza". Ela foi colocar na estrada uma galinha que havia sacrificado, abrindo-lhe o peito, como deveriam ser feitas as oferendas às feiticeiras, e dizendo três vezes: "Quero o peito do pássaro receba esta oferenda". Foi no momento preciso que seu filho lançava sua única flecha. O pássaro relaxou o encanto que o protegia, para que a oferenda chegasse ao seu peito, mas foi a flecha de Oxotokanxoxô que o atingiu profundamente. O pássaro caiu pesadamente, se debateu e morreu. Todo mundo começou a dançar e cantar: "Oxó (oso) é popular! Oxó é popular! Oxowussi (Osowusì)! Oxowussi!! Oxowussi!!" Com o tempo Osowusì transformou-se em Oxóssi.

(Domínio público)

Cantiga de Oxóssi

Eu vi chover, eu vi relampear
Mas mesmo assim o céu estava azul
Samborê, pemba, é folha de jurema
Oxóssi reina de norte a sul
Oxóssi, filho de Iemanjá
Divindade do clã de Ogum
É Ibualama, é Inlé
Que Oxum levou pro rio
E nasceu Logunedé
Sua natureza é da lua
Na lua Oxóssi é Odé
Odé, Odé, Odé, Odé
Rei de Keto, caboclo da mata, Odé, Odé
Quinta-feira é seu ossé
Axoxó, feijão preto, camarão, amendoim
Azul e verde suas cores
Calça branca rendada
Saia curta enfeitada
Ojá e couraça prateada
Na mão, ofá, iluquerê
Okê, arô, Oxóssi, okê, okê
A jurema é a árvore sagrada
Okê, arô, Oxóssi, okê, okê
Na Bahia é São Jorge
No Rio, São Sebastião
Oxóssi é quem manda
Nas bandas do meu coração

(Roque Ferreira)

O arquétipo do caçador, senhor da fartura e das escolhas. Seu domínio são as florestas, matas fechadas e as relações entre os reinos vegetal e animal. Oxóssi é o Orixá que carrega o fogo de Exu, a obstinação de Ogum na caça de alimentos para os homens, seja o alimento físico, espiritual ou intelectual. Representa as relações harmônicas entre o ego, o superego e o id, além de simbolizar o controle sobre os instintos primários. Daí sua relação com os animais. Oxóssi representa o início da busca e um compromisso para com a comunidade. É representado pela cor verde ou azul-claro.

Cultua-se geralmente às quintas-feiras. Sua saudação é Okê Arô. Oxóssi rege o sistema nervoso e o chacra cardíaco também. Possui forte ligação com Ogum e Ossãe.

LOGUN EDÉ

Mito de Logun Edé

A história revela que Oxóssi, feliz pelo filho vindouro, declarou a Oxum o seu amor e pediu a ela posse do menino:

– Oxum, por amor a você, quero que Logun Edé fique comigo, vou ensiná-lo a caçar. Comigo ele aprenderá os segredos da floresta.

Mas Oxum também amava Logun Edé e, por maior que fosse seu amor por Oxóssi, ela não poderia separar-se de seu filho então declarou:

– Logun Edé viverá seis meses com sua mãe e seis meses com o seu pai, comerá do peixe e da caça. Ele será Oxóssi e será Oxum, mas sem deixar de ser ele mesmo, Logun Edé: um príncipe na floresta e um grande caçador!

(Domínio público)

Cantiga de Logun Edé

Fará réré sîmbo ode sîmboo
Fará ewá cojé, Logunedé
Fará réré sîmbo Odé si
Fará ewacojé Logunedé

(Domínio público)

O jovem príncipe. Carrega as habilidades de caça e a perspicácia de seu pai Oxóssi, bem como a vaidade e os encantos de sua mãe Oxum. Em muitos lugares na África se considera uma qualidade de Oxóssi, como existem outras: Ibualama, Inlé etc

As lendas dizem que Logun Edé fica metade de um ano com sua mãe e a outra metade com seu pai. No estudo das simbologias podemos identificar nesse Orixá a harmonia de questões de terra (mundo visível, táctil, material) com questões de água (emocionais, afetivas), um equilíbrio da potência e consciência. Do processo de busca e do usufruto dessa busca.

Sua saudação é Loci Loci. Logun Edé é uma força da Natureza que se combina com Ewa e Oxumarê, produzindo, quando ética e sabiamente trabalhada, vigor e muita prosperidade para quem a recebe.

Quanto às cores utilizadas, segue-se o padrão do Candomblé: azul-claro, que representa a força de Oxossi, com dourado, lembrando a presença de Oxum.

O chacra comandado por Logun Edé é o plexo solar e se oferecem como oferenda peixes e milho. O Orixá comanda assuntos ligados ao processo da puberdade e tem como dias de culto quintas-feiras e sábados.

Há quem diga que filhos de Logun Edé podem ter tendências à bissexualidade, o que, a nosso ver, é uma leitura totalmente equivocada. Pois Orixás não determinam orientação sexual.

Nas religiões de matriz africana se utilizam mitos que atribuíram gênero aos Orixás: masculinos (borós) e femininos (iyabás). Mas são forças, que em culturas distintas, assumem nomes e formas diversas. Tomemos o arquétipo de Oxóssi, o caçador, senhor da fartura. Nas religiões greco-romanas, essa força recebia o nome de Diana, a senhora da caça.

OSSÃE ou OASSAIN

Mito de Ossãe

Ossãe recebera de Olodumaré o segredo das folhas. Ele sabia que algumas delas traziam a calma ou o vigor. Outras, a sorte, as glórias, as honras, ou, ainda, a miséria, as doenças e os acidentes.

Os outros orixás não tinham poder sobre nenhuma planta. Eles dependiam de Ossãe para manter a saúde ou para o sucesso de suas iniciativas.

Xangô, cujo temperamento é impaciente, guerreiro e imperioso, irritado com essa desvantagem, usou de um ardil para tentar usurpar, de Ossãe, a propriedade das folhas.

Falou do plano à sua esposa Iansã, a senhora dos ventos. Explicou-lhe que, em certos dias, Ossãe pendurava, num galho de Iroko, uma cabaça contendo suas folhas mais poderosas.

– Desencadeie uma tempestade bem forte num desses dias – disse-lhe Xangô.

Iansã aceitou a missão com muito gosto. O vento soprou a grandes rajadas, levando o telhado das casas, arrancando as árvores, quebrando tudo por onde passava e, o fim desejado, soltando a cabaça do galho onde estava pendurada. A cabaça rolou para longe e todas as folhas voaram. Os orixás se apoderaram de todas. Cada um tornou-se dono de algumas delas, mas Ossãe permaneceu senhor do segredo de suas virtudes e das palavras que devem ser pronunciadas para provocar sua ação. E, assim, continuou a reinar sobre as plantas, como senhor absoluto. Graças ao poder (axé) que possui sobre elas.

(Domínio público)

Cantiga de Ossãe

Pai Ossãe das matas
Eu venho para lhe louvar
Saravá rei das ervas
Filho de pai olaxá
Ewê ewê asá
Seu canto eu quero escutar
Ewê ewê asá
Suas ervas podem curar
Ewê ewê asá!

(Domínio público)

É o senhor das folhas que curam, e é evocado sempre que se preparam banhos e poções com ervas.

A mitologia africana diz que Ossãe distribuiu folhas para todos os Orixás, mas que a primazia é sempre dele. Acompanhado em suas buscas por Aroni, um elemental da Natureza.

Ossãe ou, também Ossanha, representa também os mistérios e os encantamentos. Daí a expressão "cair no canto de Ossãe", quando um indivíduo, encantado, ignora a razão e faz escolhas por conta de uma influência mágica, sobrenatural. Quando se colhe uma erva, quando se entra na mata fechada, costuma-se saudar o Orixá, dizendo Ewassa, e a tradição africana pede que nunca se assobie nesse campo, já que essa força é invocada através do som.

Muitos filhos de santo já se perderam nas matas e alegam que a razão foi o não cumprimento da ritualística com esse Orixá. De toda maneira, diante dos desencantos da vida, sobretudo aqueles trazidos pelo tempo, é preciso se reconectar com essa força. O ser humano carece de encantos, e deles, a Vida está repleta.

É também cultuado às quintas-feiras. A sua cor é verde e branca e as oferendas ao Orixá são abacate, pinga com mel, fumo de rolo e acaçá.

Comanda o sistema capilar e o chacra frontal.

OBÁ

Mito de Obá

Conta-se sobre Obá, uma lenda por vezes atribuída a Oxum, baseada num jogo de palavras: "O rei de Owu, partindo em expedição guerreira, teve de atravessar o rio Obá com seu exército. O rio estava em período de enchente e as águas tão tumultuadas que não podiam ser atravessadas. O rei fez, então uma promessa solene, embora mal formulada. Ele declarou: "Obá, deixe passar meu exército, eu lhe imploro; faça baixar o nível das suas águas e, se sair vitorioso da guerra, eu lhe oferecerei uma *nkam rere* (boa coisa)". Ora, ele tinha por mulher uma filha do rei de Ibadan que levava o nome de Nkam. As águas baixaram, o rei atravessou o rio e venceu a guerra. Regressou com um saque considerável. Chegando próximo ao rio Obá, ele o encontrou novamente em período e cheia. O rei ofereceu-lhe todas as *nkam rere*: tecidos, búzios, bois e comidas, mas o rio rejeitou todos esses dons. Era Nkam, a mulher do rei, que ele exigia. Como o rei de Owu era obrigado a passar, teve que lançar Nkam às águas. Mas ela estava grávida e pariu no fundo do rio. Este rejeitou o recém-nascido, declarando que somente Nkam lhe tinha sido prometida. As águas baixaram e o rei voltou triste aos seus domínios, seguido pelo seu exército. O rei de Ibadan tomou conhecimento do ocorrido, Indignado, declarou não haver dado sua filha em casamento para que ela servisse de oferenda a um rio. Fez a guerra a seu genro, venceu-o e o expulsou de seu país.

(Domínio público)

Cantiga de Obá

Obá, não tem homem que enfrente, Obá
A guerreira mais valente, Obá
Não sei se me deixou mudo, Obá
Numa mão, rédeas e escudo, Obá
Não sei se canto ou se não, Obá
A espada na outra mão, Obá
Não sei se canto ou me calo, Obá
De pé sobre o seu cavalo, Obá
De pé sobre o seu Cavalo.

(Caetano Veloso e Gilberto Gil)

Senhora que, graças à maturidade das emoções, aprende a fazer concessões em nome do amor. Por isso diz-se que é a senhor da compaixão e do sacrifício. Se Exu comanda o fogo libertador e Xangô o fogo construtor, Obá é o fogo regenerador.

Carrega um ofá pois tem enredo com Oxóssi nas caças e está presente no sacrifício dos animais ao serem caçados. A palavra em sua mais pura etimologia, no sentido do "sacro-ofício", pois trata-se de um momento em que um ser vivo dá a vida para alimentar um grupo. Obá está sempre ligada à capacidade de colocar seus próprios interesses em segundo plano, o que explica, por exemplo, a lenda africana em que, para agradar Xangô, corta sua própria orelha.

Sua cor é laranja e oferecem-se acará e uma bebida feita com moscatel e groselha. Rege o sistema renal e o chacra básico. Sauda-se com Obá Xirê.

Alguns estudiosos da mitologia africana atribuem as Iyabás (Orixás femininos) às fases da vida de uma mulher; nesse contexto, Ewá representa a adolescência, Oxum a juventude, Iansã a mulher em idade adulta, Iemanjá quando se torna mãe, Obá quando os filhos já estão crescidos e ela precisa reencontrar seu próprio objetivo de vida e Nanã a anciã.

NANÃ

Mito de Nanã

No início dos tempos os pântanos cobriam quase toda a Terra. Faziam parte do reino de Nanã Buruquê e ela tomava conta de tudo como boa soberana que era. Quando todos os reinos foram divididos por Olorun e entregues aos Orixás, uns passaram a adentrar os domínios dos outros e muitas discórdias passaram a ocorrer. E foi dessa época que surgiu esta lenda. Ogum precisava chegar ao outro lado de um grande pântano, lá havia uma séria confusão ocorrendo e sua presença era solicitada com urgência. Resolveu então atravessar o lodaçal para não perder tempo. Ao começar a travessia que seria longa e penosa, ouviu atrás de si uma voz autoritária: "Volte já para o seu caminho, rapaz!". Era Nanã com sua majestosa figura matriarcal que não admitia contrariedades: "Para passar por aqui tem que pedir licença!". "Como pedir licença? Sou um guerreiro, preciso chegar ao outro lado urgente. Há um povo inteiro que precisa de mim." "Não me interessa o que você é e sua urgência não me diz respeito. Ou pede licença ou não passa. Aprenda a ter consciência do que é respeito ao alheio." Ogum riu com escárnio: "O que uma velha pode fazer contra alguém jovem e forte como eu? Irei passar e nada me impedirá!" Nanã imediatamente deu ordem para que a lama tragasse Ogum para impedir seu avanço. O barro agitou-se e de repente começou a se transformar em grande redemoinho de água e lama. Ogum teve muita dificuldade para se livrar da força imensa que o sugava. Todos seus músculos retesavam-se com a violência do embate. Foram longos minutos de uma luta sufocante. Conseguiu sair, no entanto, não conseguiu avançar e sim voltar para a margem. De lá gritou: "Velha feiticeira, você é forte, não nego, porém também tenho poderes. Encherei esse barro que chamas de reino com metais pontiagudos e nem você conseguirá atravessá-lo sem que suas carnes sejam totalmente dilaceradas." E assim fez. O enorme pântano transformou-se em uma floresta de facas e espadas que não permitiriam a passagem de mais ninguém. Desse dia em diante Nanã aboliu de suas terras o uso de metais de qualquer espécie. Ficou furiosa por perder parte de seu domínio, mas intimamente orgulhava-se de seu trunfo: "Ogum não passou!"

(Domínio público)

Cantiga de Nanã

Atraca atraca que aí vem Nanã e a (4 vezes)
Se Nanã é Oxum ela vem saravá e a
Se nanã é Oxum é rainha do Mar e a (2 vezes)

(Domínio Público)

Me leva ogâ, ogâ
Quero ver os olhos de Nanã
Eles vão dar força e ajuda
Pra que eu tenha sempre um amanhã
Me leva (5 vezes)
Já andei perdido neste mundo louco
Vida tão amarga que nem Alumá
E pra dar a Luz e a felicidade
Quero ver os olhos de Nanã
Me leva

(Domínio Público)

Oi se Nanã é Jalosi
Alodê
Oi se Nanã é Jacilo
Alodê

(Domínio Público)

O arquétipo da anciã que é feiticeira que não se submete ao poder masculino. Senhora das fontes, da morte e do renascimento. Domina as emoções e representa a sabedoria feminina que vence o poder dos homens. Domina como ninguém o encontro das emoções com a realidade.

Trata-se de um Orixá que possui grande afinidade com crianças e que a partir de elementos considerados mortos traz a vida, por exemplo o barro, que pode se transformar em tijolos e artesanato, assim como o pântano, cujas águas repletas de substâncias orgânicas são absolutamente férteis.

No Candomblé a potência de Nanã, assim como Oxum e Iemanjá, sem consciência, se apresenta sob a forma das Iya Mi Oxorongá, as grandes mães ancestrais, feiticeiras e temidas. São forças repletas de potência, com forte ligação a esterilidade.

É cultuada às terças-feiras. Para Nanã é oferecido efó feito com taioba, mas também o mamão e o melão. Sua saudação é Saluba. Está ligada ao chacra plexo solar e rege o sistema hormonal.

OXUM

Mito de Oxum

Oxum é concebida por Iemanjá e Orunmilá.

Um dia Orunmilá saiu de seu palácio para dar um passeio acompanhado de todo seu séquito. Em certo ponto deparou com outro cortejo, do qual a figura principal era uma mulher muito bonita. Orunmilá ficou impressionado com tanta beleza e mandou Exu, seu mensageiro, averiguar quem era ela. Exu apresentou-se ante a mulher com todas as reverências e falou que seu senhor, Orunmilá, gostaria de saber seu nome. Ela disse que era Iemanjá, rainha das águas e esposa de Oxalá.

Exu voltou à presença de Orunmilá e relatou tudo o que soubera da identidade da mulher. Orunmilá, então, mandou convidá-la ao seu palácio, dizendo que desejava conhecê-la. Iemanjá não atendeu o seu convite de imediato, mas um dia foi visitar Orunmilá.

Ninguém sabe ao certo o que se passou no palácio, mas o fato é que Iemanjá ficou grávida depois da visita a Orunmilá. Iemanjá deu à luz uma linda menina. Como Iemanjá já tivera muitos filhos com seu marido, Orunmilá enviou Exu para comprovar se a criança era mesmo filha dele. Ele devia procurar sinais no corpo. Se a menina apresentasse alguma marca, mancha ou caroço na cabeça seria filha de Orunmilá e deveria ser levada para viver com ele.

Assim foi atestado, pelas marcas de nascença, que a criança mais nova de Iemanjá era de Orunmilá. Foi criada pelo pai, que satisfazia todos os seus caprichos.

Por isso cresceu cheia de vontades e vaidades; o nome dessa filha é Oxum.

(Domínio público)

Cantiga de Oxum

Eu vi Mamãe Oxum na cachoeira
Sentada na beira de um rio

Colhendo lírios lírio, ê, colhendo lírios, á
Colhendo lírios para enfeitar nosso Gongá.

(Domínio público)

O arquétipo do amor e da beleza. Reina sobre as águas doces. Senhora do ouro. Responsável pelos sentimentos mais puros, pela sensualidade e pela estética.

Um dos Orixás mais populares do Brasil, se traduz na feminilidade – sem que isso influencie necessariamente a orientação sexual – e também no culto à elegância, aos adornos e a vaidade.

Sábado é o dia consagrado a esse Orixá e sua saudação é Oraieio. Sua cor é o amarelo ou dourado e se oferecem omolocô, ipetê, ovos e mel em suas oferendas.

Comanda o chacra umbilical e também o sistema linfático.

Oxum comanda também a vidência, os dons oraculares e pode, através de sonhos, passar recados, mesmo para aqueles que não são seus filhos.

Há muitas qualidades de Oxum, algumas inclusive podem ser confundidas com as de outros Orixás, o que exige, por parte do dirigente de uma casa, conhecimento e muitos fundamentos para não se deixar levar por uma primeira impressão. Entre suas qualidades podemos mencionar Apará, Omnibu, Karê, Iapondá, Igemum.

Trabalhos com Oxum ajudam na recuperação da autoestima, de uma consciência das emoções e sentimentos.

EWÁ

Mito de Ewá

Ewá livra Orunmilá da perseguição da morte.

Orunmilá era um babalaô que estava com um grande problema. Orunmilá estava fugindo da morte, de Iku, que o queria pegar de todo jeito. Orunmilá fugiu de casa para se esconder. Correu pelos campos e ela sempre o perseguia obstinada. Correndo e correndo, Orunmilá chegou ao rio. Viu uma linda mulher lavando roupa. Era Ewá lavando roupa junto à margem. "Por que corres assim, senhor? De quem tentas escapar?" Orunmilá só disse: "Hã, hã". "Foges da morte?", adivinhou Ewá. "Sim", respondeu ele.

Ewá então o acalmou. Ela o ajudaria. Ewá escondeu Orunmilá sob a tábua de lavar roupa, que na verdade era um tabuleiro de Ifá, com fundo virado para cima. E continuou lavando e cantando alegremente. Então chegou Iku, esbaforida. Feia, nojenta, moscas evolvendo-lhe o corpo, sangue gotejando pela pele, um odor de matéria putrefata empestando o ar. A morte cumprimentou Ewá e perguntou por Orunmilá. Ewá disse que ele atravessara o rio e que àquela hora devia estar muito, muito longe, muito além de outros quarenta rios.

Ewá tirou Orunmilá de sob a tábua e o levou para casa são e salvo. Preparou um cozido de preás e gafanhotos servido com inhames bem pilados. À noite Orunmilá dormiu com Ewá e Ewá engravidou. Ewá ficou feliz pela sua gravidez e fez muitas oferendas a Ifá. Ewá era uma mulher solteira e Orunmilá com ela se casou. Foi uma grande festa e todos cantavam e dançavam. Todos estavam felizes. Ewá cantava: "Orunmilá me deu um filho". Orunmilá cantava: "Ewá livrou-me da morte". Todos cantavam: "Ewá livra de Iku". Todos cantavam: "Ewá livra de Iku".

(Domínio público)

Cantiga de Ewá

Quando chove na beira do rio
A flor brinca na corredeira
Quando ela canta acende uma estrela
Celebra toda a natureza
Onde ela pisa, nasce uma flor
Tem cheiro de terra antes da chuva
Embeleza o céu e a terra
Brinca de moldar a lua

Brilha, Ewá
Arco-íris que cruza o firmamento
Branca Ewá
Dom (dan) que muda e desmuda qual camaleão
Ah, Ewá
Dança cobra que cisca pra fazer brotar a vida
Tão somente o encanto e a luz do meu coração

Céu vermelho em fim de tarde
Ninguém sabe quando e onde
Manto de constelação
Estendido no horizonte
Quando foge é só neblina
Que disfarça e faz sonhar
Canto em cores, moça fina
Virgem que não quer casar

Brilha, Ewá
Arco-íris que cruza o firmamento
Branca Ewá
Dom (dan) que muda e desmuda qual camaleão
Ah, Ewá
Dança cobra que cisca pra fazer brotar a vida
Tão somente o encanto e a luz do meu coração.

(Lucio Sanfilipo)

É o arquétipo da virgem que vence a própria morte, pois em muitas culturas entende-se que a maneira de se manter imortal é gerar filhos que carreguem a carga genética, porém sabe-se que diversas pessoas deixaram seu legado através de suas obras ou feitos. Senhora dos mistérios que se manifestam nas neblinas e separam os vivos dos mortos. É quem comanda o processo de decantação, evaporação e desapego. , suas cores são branco e vermelho; amarelo e vermelho ou coral e dedica-se o sábado a ela. Seu chacra de domínio é o frontal e rege o sistema ocular. É saudada por Riró. Batata-baroa com mel é a oferenda desse Orixá.

OXUM

Mito de Oxum

Oxum é concebida por Iemanjá e Orunmilá.

Um dia Orunmilá saiu de seu palácio para dar um passeio acompanhado de todo seu séquito. Em certo ponto deparou com outro cortejo, do qual a figura principal era uma mulher muito bonita. Orunmilá ficou impressionado com tanta beleza e mandou Exu, seu mensageiro, averiguar quem era ela. Exu apresentou-se ante a mulher com todas as reverências e falou que seu senhor, Orunmilá, gostaria de saber seu nome. Ela disse que era Iemanjá, rainha das águas e esposa de Oxalá.

Exu voltou à presença de Orunmilá e relatou tudo o que soubera da identidade da mulher. Orunmilá, então, mandou convidá-la ao seu palácio, dizendo que desejava conhecê-la. Iemanjá não atendeu o seu convite de imediato, mas um dia foi visitar Orunmilá.

Ninguém sabe ao certo o que se passou no palácio, mas o fato é que Iemanjá ficou grávida depois da visita a Orunmilá. Iemanjá deu à luz uma linda menina. Como Iemanjá já tivera muitos filhos com seu marido, Orunmilá enviou Exu para comprovar se a criança era mesmo filha dele. Ele devia procurar sinais no corpo. Se a menina apresentasse alguma marca, mancha ou caroço na cabeça seria filha de Orunmilá e deveria ser levada para viver com ele.

Assim foi atestado, pelas marcas de nascença, que a criança mais nova de Iemanjá era de Orunmilá. Foi criada pelo pai, que satisfazia todos os seus caprichos.

Por isso cresceu cheia de vontades e vaidades; o nome dessa filha é Oxum.

(Domínio público)

Cantiga de Oxum

Eu vi Mamãe Oxum na cachoeira
Sentada na beira de um rio
Colhendo lírios lírio, ê, colhendo lírios, á
Colhendo lírios para enfeitar nosso Gongá.

(Domínio público)

O arquétipo do amor e da beleza. Reina sobre as águas doces. Senhora do ouro. Responsável pelos sentimentos mais puros, pela sensualidade e pela estética.

Um dos Orixás mais populares do Brasil, se traduz na feminilidade – sem que isso influencie necessariamente a orientação sexual – e também no culto à elegância, aos adornos e a vaidade.

Sábado é o dia consagrado a esse Orixá e sua saudação é Oraieio. Sua cor é o amarelo ou dourado e se oferecem omolocô, ipetê, ovos e mel em suas oferendas. Comanda o chacra umbilical e o sistema linfático, também a vidência e pode através de sonhos passar recados, mesmo para aqueles que não são seus filhos.

Há muitas qualidades de Oxum, algumas inclusive podem ser confundidas com as de outros Orixás, o que exige, por parte do dirigente de uma casa, conhecimento e muitos fundamentos para não se deixar levar por uma primeira impressão. Entre suas qualidades podemos mencionar Apará, Omnibu, Karê, Iapondá, Igemum.

Seus filhos são sedutores, manipuladores como ninguém, apreciam o que é belo, sabem se relacionar, ambiciosos, sempre desejam o melhor, adoram exibir a própria beleza. Possuem qualidades para manusear os oráculos mas podem se perder quando no comando, deixando-se levar por frivolidades, melindres e vaidade.

IEMANJÁ

Mito de Iemanjá

Olodumarê fez o mundo e repartiu entre os orixás vários poderes, dando a cada um reino para cuidar. A Exú deu o poder da comunicação e a posse das encruzilhadas. A Ogum o poder de forjar os utensílios para agricultura e o domínio de todos os caminhos. A Oxóssi o poder sobre a caça e a fartura.

A Obaluaê o poder de controlar as doenças de pele. Oxumarê seria o arco-íris, embelezaria a terra e comandaria a chuva, trazendo sorte aos agricultores. Xangô recebeu o poder da justiça e sobre os trovões. Oyá reinaria sobre os mortos e teria poder sobre os raios.

Ewá controlaria a subida dos mortos para o orum, bem como reinaria sobre os cemitérios. Oxum seria a divindade da beleza, da fertilidade das mulheres e de todas as riquezas materiais da terra, bem como teria o poder de reinar sobre os sentimentos de amor e ódio.

Nanã recebeu a dádiva, por sua idade avançada, de ser a pura sabedoria dos mais velhos, além de ser o final de todos os mortais; nas profundezas de sua terra, os corpos dos mortos seriam recebidos. Além disso do seu reino sairia a lama da qual Oxalá modelaria os mortais, pois Odudua já havia criado o mundo.

Todo o processo de criação terminou com o poder de Oxaguiã que inventou a cultura material. Para Iemanjá, Olodumarê destinou os cuidados da casa de Oxalá, assim como a criação dos filhos e de todos os afazeres domésticos.

Iemanjá trabalhava e reclamava de sua condição de menos favorecida, afinal, todos os outros deuses recebiam oferendas e homenagens e ela, vivia como escrava.

Durante muito tempo Iemanjá reclamou dessa condição e tanto falou, nos ouvidos de Oxalá, que este enlouqueceu. O ori (cabeça) de Oxalá não suportou os reclamos de Iemanjá.

Oxalá ficou enfermo, Iemanjá deu-se conta do mal que fizera ao marido e, em poucos dias curou Oxalá. Oxalá agradecido foi a Olodumarê pedir para que deixasse a Iemanjá o poder de cuidar de todas as cabeças. Desde então Iemanjá recebe oferendas e é homenageada quando se faz o bori (ritual propiciatório à cabeça) e demais ritos à cabeça.

(Domínio público)

Cantiga de Iemanjá

Rainha das ondas, sereia do Mar
Como é lindo o canto de Iemanjá
Sempre faz um pescador chorar
Quem escuta a Mãe-d'água cantar
Vai com ela pro fundo do Mar
Iemanjá

(Domínio público)

A grande mãe, uma habilidade ímpar em se preocupar e cuidar dos outros, acolhe a todos sem distinção. Daí sua grande popularidade no país.

Representa a fertilidade, em todos os seus aspectos, e também a capacidade criativa que todos possuímos. Junto com Oxalá, nas tradições africanas, cuida da cabeça dos humanos. Muito popular no Brasil, reina sobre as águas salgadas: do mar à lágrima.

Possui diversas qualidades, das águas rasas da praia, conhecida como Janaína, até os tsunamis.

Sua cor é azul-claro e cultua-se preferencialmente aos sábados. Há casas que usam para os fios de contas apenas o azul-claro, o verde ou o branco transparente. Cuida do sistema reprodutor e comanda o chacra umbilical. A saudação para Iemanjá é Odoyá e oferecem-se peixes de água salgada e manjar de coco. É a água das águas. As emoções mais profundas.

Muito associada também à Lua. Dependendo da fase lunar, os trabalhos espirituais ganham contornos específicos.

IBEJI

Mito de Ibeij

Os Ibejis, orixás gêmeos, viviam para se divertir, eram filhos de Oxum e Xangô. Viviam tocando uns pequenos tambores mágicos que ganharam de sua mãe adotiva, Iemanjá.

Nessa época Iku, a morte, colocou armadilhas em todos os caminhos e começou a comer todos os humanos que caíam em suas arapucas. Homens, mulheres, crianças ou velhos, Iku devorava todos. Iku pegava os seres humanos entes do seu tempo aqui no Aye. O terror se alastrou pelo mundo.

Sacerdotes, bruxos, adivinhos e curandeiros se reuniram, mas foram vencidos também por Iku, e os humanos continuavam a morrer antes do tempo.

Os Ibejis, então, armaram um plano para deter Iku. Pegaram uma trilha mortal onde Iku preparara uma armadilha, um ia na frente e o outro seguia atrás escondido pelo mato a pouca distância.

O que seguia pela trilha ia tocando seu pequeno tambor e tocava com tal gosto e maestria que a morte ficou maravilhada, e não quis que ele morresse e o avisou da armadilha. Iku se pôs a dançar inebriadamente, enfeitiçada pelo som mágico do tambor.

Quando um irmão cansou de tocar, sem que a morte percebesse o outro veio tocar em seu lugar. E assim foram se revezando, sem Iku perceber, e ela não parava de dançar e a música jamais cessava. Iku já estava esgotada e pediu para parar, e eles continuavam tocando para a dança elétrica. Iku implorava uma pausa para descanso. Então os Ibejis propuseram um pacto.

A música cessaria, mas Iku teria que jurar que tiraria todas as armadilhas. Iku não tinha escolha, rendeu-se; os gêmeos venceram.

Foi assim que Ibejis salvaram os homens e ganharam fama de muito poderosos, porque nenhum outro orixá conseguiu ganhar aquela peleja contra a morte. Os Ibejis são poderosos, mas os que eles gostam mesmo é de brincar.

(Domínio público)

Cantiga de Ibeji

As crianças são as flores do jardim
Elas são os anjinhos lá do céu
Elas são, elas são, elas são
Protegidas por São Cosme e Damião
Ibeji, Ibeji como vem beirando o mar
Mas como vem beirando o mar
Ibeji, Ibeji como vem beirando o mar

(Domínio público)

Representam a alegria e o poder das crianças. Esses Orixás, ainda pouco estudados e compreendidos, carregam uma força muito grande na magia, como costumam dizer os pretos velhos: as crianças entram em lugares onde adultos não conseguem penetrar.

Nas lendas africanas trata-se dos únicos que venceram a morte e que enganaram muitos outros Orixás mais velhos.

Há duas frases famosas no mundo que sintetizam o poder de Ibeji: "Sabendo que não era impossível foi lá e fez" e "se não agora, então quando? Senão você, então quem?".

Sua saudação é Oni Ibejada, as cores são azul e rosa. A comida oferecida para eles é o caruru e o dia consagrado para culto é o sábado. Em seus assentamentos colocam-se brinquedos e doces.

Não possuem um chacra associado e atuam no sistema espiritual, mais especificamente no campo eletromagnético.

Ibejis não podem ser confundidos com Erês (forma infantil que serve de apoio aos Orixás) e tampouco com as crianças espirituais que incorporam nos terreiros de Umbanda (espíritos que já viveram na Terra e se apresentam no plano espiritual com forma infantil).

IANSÃ ou OYÁ

Mito de Iansã

Oyá é dividida em nove partes.

Antes de tornar-se esposa de Xangô, Oyá vivia com Ogun. Ela vivia com o ferreiro e ajudava-o em seu ofício, principalmente manejando o fole para ativar o fogo na forja. Certa vez Ogun presenteou Oyá com uma varinha de ferro, que deveria ser usada num momento de guerra. A varinha tinha o poder de dividir em sete partes os homens e em nove partes as mulheres. Ogun dividiu esse poder com a mulher.

Na mesma aldeia morava Xangô, ele sempre ia à oficina de Ogun apreciar seu trabalho e em várias oportunidades arriscava olhar para sua bela mulher. Xangô impressionava Oyá por sua majestade e elegância. Um dia os dois fugiram para longe de Ogun, que saiu enciumado e furioso em busca dos fugitivos. Quando Ogun os encontrou, houve uma luta de gigantes. Depois de lutar com Xangô, Ogun aproximou-se de Oyá e a tocou com sua varinha, e nesse mesmo tempo Oyá tocou Ogun também, foi quando o encanto aconteceu: Ogun dividiu-se em sete partes, recebendo o nome de Ogun Mejê, e Oyá foi dividida em nove partes, sendo conhecida como Iansã, "Iyámesan", e a mãe transformou-se em nove.

(Domínio público)

Cantigas de Iansã

Epahei
Eu quero Oyá
Com sua espada de ouro
Vem nos ajudar
A sua espada risca o espaço
Senhora do mundo Iansã iya Topé
Eu louvo a sua coroa, minha mãe
Pedindo para Iyalaxé
Eh Epahei

(Domínio público)

O Iansã menina é do cabelo louro
Sua espada é de prata
Sua coroa é de ouro
Clareou, no céu clareou
Cadê Oyá menina que relampejou
Relampejou, ventou, na terra e no mar
Onira, na cachoeira, trovejou Oyá

(Domínio público)

Senhora dos ventos, das tempestades, da expansão e da comunicação. Representa a mulher impetuosa que, sem abdicar da feminilidade e da sensualidade, guerreia de igual para igual com os mais temidos guerreiros do sexo masculino.

Comanda os ventos e, portanto, todo o processo de expansão e comunicação. Também é a senhora que domina os espíritos dos mortos, é ela que promove o encontro entre os diferentes reinos situados distantes uns dos outros e é quem espalha a fertilidade nos campos.

Dizem que Iansã governa e Xangô reina. Daí uma atração irresistível entre as duas energias. Seu dia é às quartas-feiras, junto com Obá e Xangô, formando a famosa família do Dendê. sua saudação é Epahey, come acarajé e espigas de milho com mel. Rege o chacra laríngeo e o sistema respiratório. A sua cor pode ser o vermelho ou coral.

IROKO

Mito de Iroko

Iroco ajuda a feiticeira a vingar o filho morto...

Iroco era um homem bonito e forte e tinha duas irmãs. Uma delas era Ajé, a feiticeira, a outra era Ogboí, que era uma mulher normal. Ajé era feiticeira, Ogboí, não. Iroco e suas irmãs vieram juntos do Orun para habitar no Ayê. Iroco foi morar numa frondosa árvore e suas irmãs em casas comuns. Ogboí teve dez filhos e Ajé teve só um, um passarinho. Um dia, quando Ogboí teve que se ausentar, deixou os dez filhos sob a guarda de Ajé. Ela cuidou bem das crianças até a volta da irmã. Mais tarde, quando Ajé teve também que viajar, deixou o filho pássaro com Ogboí. Foi então que os filhos de Ogboí pediram à mãe que queriam comer um passarinho. Ela lhes ofereceu uma galinha, mas eles, de olhos no primo, recusaram. Gritavam de fome, queriam comer, mas tinha que ser um pássaro. A mãe foi então foi à floresta caçar passarinhos, que seus filhos insistiam em comer. Na ausência da mãe, os filhos de Ogboí mataram, cozinharam e comeram o filho de Ajé. Quando Ajé voltou e se deu conta da tragédia, partiu desesperada à procura de Iroco. Iroco a recebeu em sua árvore, onde mora até hoje. E de lá, Iroco vingou Ajé, lançando golpes sobre os filhos de Ogboí. Desesperada com a perda de metade de seus filhos e para evitar a morte dos demais, Ogoí ofereceu sacrifícios para o irmão Iroco. Deu-lhe um cabrito e outras coisas e mais um cabrito para Exú. Iroco aceitou o sacrifício e poupou os demais filhos. Ogboí é a mãe de todas as mulheres comuns, mulheres que não são feiticeiras, mulheres que sempre perdem filhos para aplacar a cólera de Ajé e de suas filhas feiticeiras. Iroco mora na gameleira branca e trata de oferecer a sua justiça na disputa entre as feiticeiras e as mulheres comuns.

(Domínio público)

Cantiga de Iroko

Iroko, iroko, ê
Iroko, iroko, êêê
Iroko, iroko, á
No tronco da gameleira
Meu iroko eu vou louvar (2 vezes)
Iroko aos seus pés o céu surgiu
Berço de Obatala, lá pro mundo sorriu
Iroko suas folhas como um véu
Cobriram um dia o céu que Obatala criou
Irolo, orixá da gameleira
Vou rezar a vida inteira
Uma reza em seu louvor

(Domínio público)

Tempo e Iroko são Orixás distintos, mas que falam de cronologia e ancestralidade. Kitembo tem origem Bantu, ou seja, dos povos que também vieram de Angola. Representa o tempo cronológico e todo o conceito de ancestralidade. Na tradição Ketu cultua-se Iroko, muito ligado também a ancestralidade e cultuado em árvores frondosas e antigas.

Quando falamos em tempo não estamos apenas nos referindo à sucessão cronológica de fatos consecutivos, mas também ao ambiente externo que não é coberto por construções do ser humano. Além disso significa, também, as mutações climáticas.

É tão mal compreendido que sua ação na natureza e nas construções é menosprezada e vista com maus olhos. Da mesma maneira que ser chamado de velho é considerado uma ofensa, as folhas secas são vistas como lixo e acredita-se que a ação da natureza nas coisas que ficam expostas as torna degradadas.

Em nossa casa, os assentamentos que ficam expostos ao tempo não são trocados quando envelhecem, pois além de receberem o axé dos diversos elementos da natureza, como os ventos e as chuvas, mostram visualmente a força e grandeza do próprio Orixá Tempo.

Iroko, por sua vez, é um Orixá de origem Ketu representado pela árvore mais antiga presente em um terreiro. Geralmente pode ser associado ao baobá e à gameleira branca. Para fazer os assentamentos a esse Orixá deve-se amarrar um ojá branco na árvore acima especificada.

A árvore de Iroko é considerada sagrada por conta do axé e porque pode proteger do calor e do sol, principalmente na África, cujas temperaturas são pouco amenas. Trata-se de um lugar sagrado onde se faz a partilha dos alimentos e pode, também, ser um portal de intercâmbio com os mortos e os elementais.

A saudação para Tempo é Zara Tempo, em algumas casas Tempo Oio, e para Iroko é Iroko Kissilé. Sua cor é o branco ou verde e marrom. Iroko está muito vinculado à família da palha, portanto seu culto pode acontecer às segundas-feira junto com Omolu.

Esses Orixás não são sincretizados e regem todos os chacras, o processo de envelhecimento e as doenças degenerativas. Desajustes de tempo espiritual ou cronológico são tratados em trabalhos com esses Orixás.

ORUNMILÁ/IFÁ

Mito de Orunmilá

Fazia muito tempo que Obatalá admirava a inteligência de Orunmilá.

Em mais de uma ocasião, Obatalá pensou em entregar a Orunmilá o governo do mundo, em entregar o governo dos Segredos, os segredos que governam o mundo e a vida dos homens. Mas, quando refletia sobre o assunto, acabava desistindo.

Orunmilá, apesar da seriedade de seus atos, era muito jovem para uma missão tão importante.

Um dia, Obatalá quis saber se Orunmilá era tão capaz quanto aparentava e lhe ordenou que preparasse a melhor comida que pudesse ser feita.

Orunmilá, então, preparou uma "língua de touro", que Obatalá comeu com prazer. Assim, Obatalá perguntou por qual razão a língua de touro era a melhor comida que havia. E Orunmilá respondeu:

– Com a língua se concede àsé, se ponderam as coisas, se proclama a virtude, se exaltam as obras, e, com seu uso, os homens chegam à vitória.

Após algum tempo, Obatalá pediu a Orunmilá para preparar a pior comida que houvesse. Este preparou a mesma iguaria, a "língua de touro".

Surpreso, Obatalá lhe perguntou como era possível que a melhor comida que havia fosse agora a pior? Orunmilá respondeu:

– Porque com a língua os homens se vendem e se perdem; com ela se destrói a boa reputação, e se cometem as mais repudiáveis vilezas.

Obatalá, ficou maravilhado com a inteligência e a precocidade de Orunmilá e entregou a Ele o "governo dos segredos ", ficando nomeado por isso de BÀBÁLAWO, palavra da língua dos Òrìsà que quer dizer "Pai do Segredo ".

(Domínio público)

Cantiga de Orunmilá

Ifá Imolé oyé
Oró okam oró Ifá
Ifá kodelê oró okam
Ifá kodelê oró okam
Gbejade asó ibojú
Muwolé oyé

(Domínio público)

Senhor dos oráculos, é quem pode revelar os caminhos dos seres humanos. Para os africanos tudo é cíclico, de modo que o futuro, sendo a repetição de experiências semelhantes acontecidas no passado com outras pessoas e em outros lugares, pode ser repetido com outra roupagem e, através dos oráculos, revelado. Aqueles que foram iniciados nas artes dos búzios e do Opelê de Ifá estudam a fundo as histórias dos Orixás e podem dizer como lidar melhor com as situações e tirar proveito diante das tensões, crises e oportunidades.

Diferentemente da astrologia, que faz uma leitura a partir dos movimentos dos astros, movimentos esses que não são mutáveis, os oráculos apresentam respostas distintas, dependendo do inconsciente de quem os consulta. Se um oráculo, como os búzios, em um dia apresenta uma resposta diferente do dia anterior, é porque o destino que se apresentara de forma diferente anteriormente foi mudado por conta do livre-arbítrio dos envolvidos.

Diz-se comumente dentro da Umbanda que não há necessidade do jogo de búzios, por exemplo, porque as respostas são fornecidas através da mediunidade dos dirigentes. Isso é verdade. Mas há casas em que se usa tal oráculo apenas para retificar as informações, já que não existe nenhum médium isento de falhas. Além disso, há dirigentes espirituais que preferem confirmar determinados rituais através dos jogos, o que não representa insegurança, mas excesso de cautela.

Nas lendas africanas, Ifá era um babalaô que por cumprir bem sua missão junto a Orunmilá também se torna um Orixá, daí a confusão que se faz entre os nomes.

O mais importante é saber que situações favoráveis ou desfavoráveis surgem no caminho de todos. Mas a forma com que se vai lidar e a potência de sua ação são determinadas pelo livre-arbítrio de cada indivíduo.

OXALÁ

Mito de Oxalufã

Há muito tempo, a Morte instalou-se numa cidade e dali não quis mais ir embora. A mortandade que ela provocava era sem tamanho e todas as pessoas do lugar estavam apavoradas, a cada instante tombava mais um morto. Para a Morte não fazia diferença alguma se o defunto fosse homem ou mulher, se o falecido fosse velho, adulto ou criança. A população, desesperada e impotente, recorreu a

Oxalá, rogando-lhe que ajudasse o povo daquela infeliz cidade. Oxalá, então, mandou que fizessem oferendas, que ofertassem uma galinha preta e o pó de giz efum, fizeram tudo como ordenava Oxalá. Com o efum pintaram as pontas das penas da galinha preta e em seguida a soltaram no mercado. Quando a Morte viu aquele estranho bicho, assustou-se e imediatamente foi-se embora, deixando em paz o povo daquela cidade. Foi assim que Oxalá fez surgir a galinha-d'angola. Desde então, as iaôs, sacerdotisas dos orixás, são pintadas como ela para que todos se lembrem da sabedoria de Oxalá e da sua compaixão.

(Domínio público)

Cantiga de Oxalufã

Pombinho branco mensageiro de Oxalá
Leva esta mensagem
De todo coração até Jesus
Diga a ele
Que somos soldados de Umbanda
Saravá nossa banda, nosso pai é Oxalá

(Domínio público)

Mito de Oxaguiã

Exê êêê! Oxaguiã era o filho de Oxalufã. Ele nasceu em Ifé, bem antes de seu pai tomar-se o rei de Ifan. Oxaguiã, valente guerreiro, desejou, por sua vez, conquistar um reino. Partiu, acompanhado de seu amigo Awoledjê. Oxaguiã não tinha ainda este nome. Chegou num lugar chamado Ejigbô e aí tornou-se Elejigb – "Rei de Ejigbô".

Oxaguiã tinha uma grande paixão por inhame pilado, comida que os iorubás chamam de *iyan*. Elejigbô comia desse *iyan* a todo momento; comia de manhã, ao meio-dia e depois da sesta; comia no jantar e, até mesmo, durante a noite, se sentisse vazio seu estômago! Ele recusava qualquer outra comida, era sempre *iyan* que devia ser-lhe servido. Chegou ao ponto de inventar o pilão, para que fosse preparado seu prato predileto! Impressionados pela sua mania, os outros orixás deram-lhe um apelido: Oxaguiã, que significa "Orixá comedor de inhame pilado", e assim passou a ser chamado.

Awoledjê, seu companheiro, era babalaô, um grande adivinho, que o aconselhava no que devia ou não fazer. Certa ocasião, Awoledjê aconselhou Oxaguiã a oferecer: dois ratos de tamanho médio; dois peixes, que nadassem majestosamente; duas galinhas, cujos fígados fosses bem grandes; duas cabras, cujo leite fosse abundante; duas cestas de caramujos e muitos panos brancos. Disse-lhe, ainda, que se ele seguisse seus conselhos, Ejigbô, que era então um pequeno vilarejo dentro da floresta, tornar-se-ia, muito em breve, uma cidade grande e poderosa e povoada de muitos habitantes. Depois disso, Awoledjê viajou para outros lugares. Ejigbô tornou-se uma grande cidade, como previra Awoledjê. Ela era cercada de muralhas com fossos profundos, as portas eram fortificadas e guardas armados vigiavam suas entradas e saídas. Havia um grande mercado em frente ao palácio, que atraía, de muito longe, compradores e vendedores de mercadorias e escravos.

Elejigbô vivia com pompa entre suas mulheres e seus servidores. Músicos cantavam seus louvores. Quando se falava dele, não se usava jamais o seu nome, pois seria falta de respeito. Era a expressão *Kabiyesi*, isto é, Sua Majestade, que deveria ser empregada.

Ao cabo de alguns anos, Awoledjê voltou. Ele desconhecia ainda o novo esplendor de seu amigo. Chegando diante dos guardas, na entrada do palácio, Awoledjê pediu, com familiaridade, notícias do "Comedor de inhame pilado". Chocados pela insolência do forasteiro, os guardas gritaram: "Que ultraje falar dessa maneira de Kabiyesi! Que impertinência! Que falta de respeito!". E caíram sobre ele dando-lhe pauladas e cruelmente jogaram-no na cadeia.

Awoledjê, mortificado pelos maus-tratos, decidiu vingar-se, utilizando sua magia. Durante sete anos a chuva não caiu sobre Ejigbô, as mulheres não tiveram mais filhos e os cavalos do rei não tinham pasto. Elejigbô, desesperado, consultou um babalaô para remediar essa triste situação. Este respondeu-lhe: "Kabiyesi, toda essa infelicidade é resultado da injusta prisão de um de meus confrades! É preciso soltá-lo, Kabiyesi! É preciso obter o seu perdão!".

Awoledjê foi solto e, cheio de ressentimento, foi-se esconder no fundo da mata. Elejigbô, apesar de rei tão importante, precisou ir suplicar-lhe que esquecesse os maus-tratos sofridos e o perdoasse. "Muito bem!", respondeu-lhe. "Eu permito que a chuva volte a cair, Oxaguiã, mas tem uma condição: Cada ano, por ocasião da sua festa, será necessário que você envie muita gente à floresta para cortar trezentos feixes de varetas. Os habitantes de Ejigbô, divididos em dois campos, deverão golpear-se, uns aos outros, até que estas varetas estejam gastas ou se quebrem.".

Desde então, todo os anos, no fim da seca, os habitantes de dois bairros de Ejigbô, aqueles de Ixalê Oxolô e aqueles de Okê Mapô, batem-se em um dia em sinal de contrição, e na esperança de verem, novamente, a chuva cair. A lembrança desse costume conservou-se através dos tempos e permanece viva também na Bahia. Por ocasião das cerimônias em louvor de Oxaguiã, as pessoas batem-se umas nas outras, com leves golpes de vareta, e recebem, em seguida, uma porção de inhame pilado, enquanto Oxaguiã vem dançar com energia, trazendo uma mão de pilão, símbolo das preferências gastronômicas do orixá "Comedor de inhame pilado". Exê ê! Baba Exê ê!

(Domínio público)

Cantiga de Oxaguiã

Um santo menino
A força que manda no
Meu destino
Oxaguiã
Êpa Babá ê babá axé babá
De branco um guerreiro
O dono do meu terreiro
Oxaguiã
Êpa Babá ê babá axé babá
Êpa Babá ê babá
Axé Babá

(André Luiz de Oliveira)

Existem duas qualidades de Oxalá. Uma delas é Oxalufã, que se apresenta como um ancião paciente, sábio, lento e implicante, e é reverenciado como o pai dos Orixás, embora saibamos que a origem de todas as forças da natureza é Deus. Oxalá nada mais é que uma força que indica a luz e a consciência espiritual adquirida através dos tempos, na sábia tranquilidade das experiências vividas.

A outra é Oxaguiã, uma forma mais jovem – mas não significa que seja um Orixá como Logun Edé, Oxumaré ou Ewá. Trata-se de um Orixá que estimula o conhecimento e o aperfeiçoamento contínuo. Oxaguiã é chamado de o senhor da guerra na paz e o senhor da paz na guerra. É um Orixá fortemente ligado à sexualidade, estratégia, ao progresso e também às novas tecnologias.

não convive bem com o fogo e com a sujeira. Os tabus de seus filhos estão relacionados a tudo aquilo que pode ocasionar calor ou macular a sua alvura, por exemplo a pimenta, o azeite de dendê, as bebidas alcoólicas destiladas, o carvão e o café. Na tradição Ketu é chamado de Orixá Fun Fun, pois a cor que expressa sua vibração é o branco.

O principal dia de culto desse Orixá é a sexta-feira, o que faz com que muitos filhos desse Orixá usem o branco nesse dia; sua saudação é Êpa Babá ou Xeupa Babá. Ofere-se canjica branca. Rege o chacra coronário e a saúde mental.

A mitologia acerca dos Orixás é real?

Não, no sentido de as estórias terem realmente acontecido. Mas traduzem, através de simbolismos, verdades sobre as Forças da Natureza. Embora na África acreditem que alguns Orixás foram humanos que se tornaram deuses, sabemos que a mitologia, da mesma maneira como aconteceu com os gregos, hebreus e nativos americanos, surgiu para tornar concreto aquilo que é abstrato.

Conforme explicado anteriormente, a ideia de que elementos religiosos de outros povos são mitos, no sentido pejorativo, precisa ser combatida.

Como a tradição africana privilegiou a transmissão oral do conhecimento, tais estórias foram criadas para manutenção das informações, muitas vezes de forma enigmática.

São como as parábolas de Jesus, que carregam através de histórias simples poderosos ensinamentos. São metáforas que ajudam todas as pessoas a entenderem os fundamentos passados.

Um problema que se observa comumente é a interpretação ao pé da letra de tais histórias, de forma a conduzir todas as ações espirituais pautadas nessas lendas, desconsiderando o fato de serem energias vitais para além da personificação.

Não se pode imaginar que Nanã é uma idosa que veste roxo e que vive sempre brigando com Ogum ou que filhos de Obá e Oxum não podem ser amigos. Ou ainda que homens não podem ser filhos de Obá e Nanã, já que vimos anteriormente que os Orixás, enquanto forças da natureza, não possuem gênero definido. Até porque em diferentes regiões da África, a situação é diferente. O que conhecemos como Candomblé e Umbanda no Brasil não existe lá. O culto aos Orixás traz expressivas diferenças.

Faz-se necessário observar que todos os seres humanos possuem dentro de si a energia de todos os Orixás, em maior ou menor grau, uma vez que regem, inclusive, distintos sistemas do corpo humano.

É preciso ressaltar que consideramos a mitologia, porém devem ser interpretadas e compreendidas muito além do tempo e do espaço, como acontece com a Bíblia, por exemplo.

O que são as quizilas ou tabus dos Orixás?

Como vimos anteriormente neste capítulo, os Orixás vibram em frequências vibratórias distintas. Sons, cores, energias, alimentos e plantas podem encontrar ressonância em um determinado Orixá e não em outro.

Podemos mencionar, por exemplo, que mel pode causar mal-estar, algum problema físico ou aversão em filhos de Oxóssi, assim como abóbora em alguns filhos de Iansã, carne de porco ou caranguejo em filhos de Omolu e alergia a bijuterias douradas em filhos de Oxum.

Oxalá, que é considerado um Orixá frio, não reage bem a tudo que gera calor, como bebidas alcóolicas, dendê, pimenta, café e até a cor vermelha.

O que são Orixás de cabeça?

Todas as pessoas possuem todos os Orixás na sua constituição, o que é chamado "Orixá de cabeça". Trata-se da força preponderante naquele indivíduo, mas isso não implica a inexistência das demais em uma pessoa.

Nas religiões de matriz africana no Brasil existem certos tabus que dizem não ser possível um homem ser filho de Nanã, Ewa ou Obá. Porém, na África, são encontrados sacerdotes que carregam esses Orixás, pois são forças da natureza que não têm gênero.

O Orixá de cabeça é a Força da Natureza que vibra de forma mais potente em um indivíduo e cujas características podem influenciar, inclusive, o temperamento da pessoa.

Somos filhos dos Orixás?

Não, somos todos filhos de uma força criadora única, Deus (ou Olorum, ou ainda Zambi) ou a Grande Deusa, como preferir. Nós nos tornamos expressões humanas dos Orixás e carregamos aspectos psicológicos deles em nossa essência. Um ritual de feitura nada mais é do que uma série de liturgias que buscam despertar ou fortalecer a essência nas pessoas.

Os seres humanos, como a expressão psicológica dos Orixás, carregam todas as características do arquétipo, por esse motivo utiliza-se a expressão "filhos do Orixá".

Como saber quem são os Orixás que carrego?

Na Umbanda só é possível ter a certeza absoluta de quais são os Orixás de cabeça e o adjuntó (segunda força mais presente em um indivíduo, considerado o segundo Orixá) através da entidade chefe da casa, observação por muito tempo de um médium por parte de zeladores de santo experientes, podendo ou não ser confirmado através dos jogos de búzios.

No candomblé, apenas no jogo de búzios, embora o momento em que a pessoa entre em transe (*bolonã*) em um toque possa dar indícios de seu Orixá.

Muito comumente médiuns, ao lerem os arquétipos dos Orixás, não se reconhecem neles. É preciso saber que a educação familiar, na escola e na sociedade em geral, acaba atribuindo uma série de responsabilidades e papéis que encobrem a verdadeira natureza do indivíduo. Além disso, as qualidades do Orixá de cabeça e o segundo Orixá influenciam de tal forma a personalidade que podem confundir a percepção da Força que predomina em uma pessoa.

O conhecimento do Orixá, assim como todo o processo mediúnico na Umbanda, é uma excelente ferramenta para o autoconhecimento, além de se constituir no reencontro com a própria essência.

Qual a diferença entre Orixá e entidade, por exemplo, um caboclo?

Caboclos, pretos velhos, pombagiras, exus que falam, baianos, juremeiros, boiadeiros, malandros, marinheiros, crianças e ciganos são espíritos que já encarnaram, e alguns ainda reencarnarão na Terra dotados de consciência, inteligência, sentimentos, emoções, qualidades e defeitos.

Já os Orixás, como dito anteriormente, são forças da natureza que não possuem individualidade, consciência de si próprios, inteligência humana e, portanto, não falam. Nunca encarnaram e jamais reencarnarão. Sua existência independe da cognição e se fazem presentes em fenômenos da natureza, no corpo humano ou em transe anímico.

Todo mundo carrega um Orixá masculino "pai" e um Orixá feminino "mãe"? O que é masculino e feminino dentro da Umbanda?

gêneros atuais estudos de gênero buscam explicar que muitas atividades que consideramos masculinas ou femininas são resultados de construções culturais, o que nada tem a ver com o corpo biológico. Assim, um homem pode executar funções domésticas e uma mulher ocupar posição de destaque no meio militar, sem que isso determine indícios de homossexualidade ou transexualidade.

Com isso desejamos mostrar que um homem que não seja másculo ou que exerça atividades até pouco tempo consideradas femininas deseja se tornar mulher ou seja homossexual.

Quando nos referimos, nesta obra, à masculinidade, desejamos expressar potência, e quando falamos de feminino remetemo-nos à consciência. Trata-se de algo muito próximo ao conceito de *ying* e *yang*. É possível, portanto, que um indivíduo do sexo masculino seja filho de Iemanjá e Oxum, mostrando que possui alto teor de consciência e não seja homossexual ou com predisposição à transexualidade. Da mesma maneira, uma mulher que carrega Ogum e Oxóssi evidencia grande potência, impulsividade, altivez sem que seja lésbica ou queira se tornar homem.

Lembramos também que na Umbanda há lugar para todos e as diferenças representam não só riquezas, mas funções específicas dentro da natureza.

CAPÍTULO 3

FUNDAMENTOS DA UMBANDA

Por que vemos casas de Umbanda com rituais e práticas tão diferentes?

Nós não acreditamos em Diabo, mas, se ele existisse, teria criado as confusões e a intolerância redes sociais! São lugares que nasceram para ser um templo de pluralidade de ideias e que, infelizmente, deturpadas, tornaram-se uma arena de disputa de verdades absolutas.

A Umbanda cultua a diversidade que pode ser observada através dos Orixás, por serem expressões divinas presentes de formas diferentes em todo o planeta. Assim sendo, não pode defender verdades únicas, desrespeitando histórias, experiências e formações individuais.

A Umbanda deve estar aberta a todo tipo de conversa, não pode desconsiderar a ciência e é uma religião que comporta perguntas, discussões e reflexões, exceto as éticas. Em nossa religião não existe uma codificação nem um livro sagrado escrito por nenhum homem.

As casas e os trabalhos espirituais são construídos a partir do histórico e da formação de seus dirigentes, trabalhadores, encarnados e desencarnados. Desse modo não há como dizer que uma casa está errada se ela não violou os cinco pilares descritos em capítulo anterior.

Costuma-se dizer que os grandes inimigos da religião são os fundamentalistas de outras religiões. No entanto, vale uma reflexão para questionar o quanto o elemento desestabilizador não se encontra dentro da própria religião.

Há um consenso, não unânime, mas importante, de que Umbanda como conhecemos surgiu em 1908 com Zélio Ferdinando de Moraes, em Niterói – RJ. A partir de então uma série de casas, centros, templos e terreiros surgiu em todo o país, trazendo em sua fundação a história e a crença de seus fundadores e trabalhadores.

Hoje podemos falar em, pelo menos, muitos tipos de umbanda: esotérica, sagrada, pé na terra, omolocô ou traçada com forte influência do candomblé), guaracyana, mesa branca, das almas e dos sete raios, com as respectivas segmentações.

As diferenças se dão na cosmogenia, ou seja, na leitura de como surgiu o universo, na liturgia (como devem ser conduzidos os rituais), na ritualística e no número de Orixás que são cultuados.

Na maioria das casas são cultuados sete orixás, em outras dezesseis e em algumas mais de vinte.

Dentro da literatura, podemos encontrar autores consagrados como Matta e Silva, Norberto Peixoto, Rubens Saraceni, Alexandre Cumino, Rodrigo Queiroz, entre outros tantos que trazem diferentes e ricas leituras sobre a religião. Cada um traz a visão espiritualista de seus guias e as vivências pelas quais passaram. Não só é injusto, mas é, sobretudo, leviano criticar a obra de qualquer indivíduo, que conforme seu coração e orientação de seus guias constrói um mundo melhor, ainda que, em termos litúrgicos e ritualísticos, não represente a nossa verdade.

Como diz o babalorixá Tasso Gadzanis, fundamento é como panela, cada casa tem a sua.

Umbanda é coisa de gente ignorante?

Embora existam intelectuais e dirigentes espirituais que fundamentem a umbanda em livros, é unanimidade dizer que o maior mestre é a própria Natureza, a manifestação concreta de Deus, ou, como dizem as tradições xamânicas, o Grande Livro Sagrado.

Entender que o homem não é alguém que está fora da Natureza, mas é sim a própria manifestação dela, muda nossa percepção da vida. Podemos nos lembrar da mitologia que envolve Gaia, a de que o planeta é um corpo e nós somos como células que nele vivemos. Utilizamos nossa estada para expansão da consciência e é no planeta que passamos a entender melhor as leis espirituais.

A primeira delas é a lei da perfeição. Absolutamente tudo é perfeito e a ideia da imperfeição surge da construção de modelos mentais que não consideram a imensa criatividade de Deus. Temos a ilusão de que todos deveriam ser do mesmo jeito. Ao observar as diferenças nos diversos reinos – mineral, vegetal e animal –, é possível perceber que cada um tem um papel a cumprir. Da barata à borboleta. Da minhoca ao Sol. Crer na Providência Divina significa também que não acreditamos no mal absoluto, já que A Maior de Todas as Inteligências não criaria algo que faria mal a suas próprias criaturas.

O mal pode ser entendido, nas mais antigas filosofias, como um caminho que gera dor para chamar atenção de que algo não está bem em nossos corpos e em nossa vida, nos levando sempre ao aprendizado. As tensões e os conflitos são impulsionadores de alta potência para transformações de comportamentos, crenças e realidades, e o desequilíbrio é gerado quando um ser está na hora, no lugar ou na função errada.

O mal existe como um elemento que evidencia o bem.

O equilíbrio é a segunda lei e contempla a justa relação entre partes. É o oposto do excesso de possibilidades, desejos ou planos. Daí que o mal pode ser interpretado como um desequilíbrio na vida de um indivíduo. A justa medida é um valor que, desde os egípcios, passando pelos gregos, se busca. Mesmo no estudo do Caibalion, se vê o equilíbrio como objetivo em um mundo de polaridades.

A terceira lei é a da simplicidade, qualidade que na cultura brasileira está muito associada à pobreza, o que não faz sentido algum. A simplicidade é a percepção da essência, que, no fundo, é a busca maior de todos nós. Simbolicamente é expressa na umbanda no entendimento de que utilizamos apenas o que é suficiente e necessário, obviamente sem abdicar da beleza e prosperidade, que também são fundamentos divinos.

A quarta é a lei da simbologia, ou seja, a religião é repleta de simbolismos, analogias e elementos para alcançar a alteração de consciência. Andar descalço, por exemplo, tem a simbologia de conectar-se à terra. Além do campo energético, cultivar a natureza tem a simbologia de estar em plena comunhão com a manifestação concreta de Deus.

Valorizar a simplicidade não é pobreza. É enxergar a síntese da Luz. A filosofia zen trata disso. A pobreza é um estado de consciência que crê na mesquinhez e duvida da generosidade de Deus e das demais criaturas. Um ritual em uma praia, por exemplo, é a expressão da riqueza divina e, quando comparado àquele realizado em um templo de mármore e madeira de lei, só pode ser considerado pobre se não assegurar paz e uma inspiração a quem participa.

O que dizer do ataque de fanáticos religiosos aos cultos da Umbanda?

Como abordado anteriormente, a Umbanda respeita e acolhe pessoas de todas as religiões ou crenças. As consultas nas giras têm por objetivo apoiar curas sem buscar conversões. Porém, em muitos casos, sofre preconceito religioso, gerado, na maioria das vezes, pelo desconhecimento que as pessoas possuem de sua prática e por conta de pessoas mal-intencionadas que realizam atitudes indefensáveis. Segundo alguns estudiosos, há também um forte componente racista, já que é difícil, para muita gente, aceitar que espíritos se apresentando pessoas que foram escravizadas ou índios podem ser mestres em algo. Há também que se mencionar um outro problema: quando algumas práticas são realizadas em espaços públicos.

Já é consenso nas religiões africanas que oferecer perfumes, espelhos, pentes e barcos de isopor a Iemanjá no mar é atitude a ser evitada, já que polui um espaço sagrado. O mesmo ocorre nas matas, cachoeiras, cruzeiros das almas, em cemitérios e esquinas das ruas. A degradação da Natureza, inclusive por conta da ingestão de comidas por animais silvestres, não é a única razão pela qual deve-se evitar fazer oferendas nesses lugares. É preciso respeitar os espaços públicos, partindo do pressuposto de que são locais acessíveis a todos e cada pessoa carrega suas próprias verdades. Da mesma maneira que é desagradável realizar pregações em ônibus, filas de bancos e nas praças públicas, não devemos obrigar ninguém a presenciar nossos rituais. Práticas religiosas devem ser restritas a espaços privados consagrados para esse fim. Não importa qual seja a religião, inclusive a nossa amada Umbanda.

Por outro lado, é inadmissível que qualquer religião invada o espaço de outra, vilipendiando símbolos sagrados de uma tradição. A expressão "chuta que é macumba" é desrespeitosa porque menospreza oferendas que são sagradas para fiéis de uma religião.

Dentro do CELV não realizamos rituais em lugares públicos, da mesma maneira que nenhuma oferenda é jogada no mar, em matas ou rios, porque sendo esses espaços templos sagrados devem ser preservados de toda e qualquer sujeira.

Quanto aos despachos nas esquinas das grandes cidades com bebidas e animais mortos, certamente não é Umbanda e tampouco o verdadeiro Candomblé.

A Umbanda, em seu princípio básico, não realiza sacrifício de animais, oferecendo apenas velas, bebidas, frutas e alimentos preparados sem sangue. Já no Candomblé a carne do animal sacrificado é utilizada em almoços e jantares da comunidade.

Maldade existe dentro e fora de todas as religiões. O culto aos Orixás e guias envolve gratidão, louvor e nunca maldade. Mas sempre há quem use de Seus nomes de forma antiética, como acontece também com outras religiões.

O que são esses cartazes espalhados pelas cidades em que se lê que pais e mães de santo prometem trazer o amor em três dias?

Do ponto de vista ético, o único amor que um pai ou mãe de santo sérios podem trazer é o amor-próprio para quem os procura.

Não se pode, em hipótese alguma, buscar interferir no livre--arbítrio das pessoas. Mesmo um pai ou mãe desesperados com erros cometidos por seus filhos apenas podem pedir em um terreiro que Deus ilumine, traga consciência ou os acalme, mas não podem pedir qualquer mudança de atitude sem que seja de consentimento do indivíduo.

Evidentemente há formas de fazer "amarrações", porém isso é considerado magia negra, uma vez que violenta um dos maiores tesouros do ser humano, que é a sua liberdade de escolha e de ação. Quem paga por uma feitiçaria desse nível e quem a faz estão indubitavelmente sujeitos à lei do retorno. Pessoas que buscam esse tipo de artifício podem estar, inclusive, fechando as portas de suas próprias felicidades. Quem garante que na semana seguinte a essa infeliz consulta não poderiam estar conhecendo um grande, verdadeiro e natural amor?

O que se deve buscar afetivamente em um terreiro é a recuperação da autoestima, a quebra de resistências à felicidade e a desconstrução dos elementos que levam uma pessoa à autossabotagem. O primeiro passo que uma entidade dá é mostrar o quão especial é cada indivíduo e que seu destino, quando construído a partir de decisões lúcidas e éticas, pode ser brilhante ao lado de pessoas que a amam e a respeitam pelo que são na sua própria essência.

E como funcionam os trabalhos para arrumar emprego e fazer negócios?

Um indivíduo, quando busca resolver seus problemas materiais, precisa se fazer sete perguntas:

1. Estou no caminho certo? Estou fazendo o que meu espírito quer ou estou buscando algo que me traz *status* e que me parece mais rentável?

2. Estou fazendo meu melhor? Sou um profissional exemplar? Administro minhas finanças com equilíbrio e sabedoria e invisto na minha qualificação?

3. Sou uma pessoa grata?

4. Tenho autoconfiança? Sinto, de verdade, que mereço o melhor ou vivo me sabotando e com medo de novas oportunidades e do preço do sucesso?

5. Consigo ter clareza na mente e relação saudável e gentil com o meu semelhante?
6. Tenho vontade suficiente para construir algo e não desisto facilmente?
7. Assumo minhas responsabilidades ou me considero vítima das circunstâncias?

As entidades auxiliam a ter esse tipo de percepção e, uma vez identificadas as questões, são passados banhos e trabalhos que possam transformar o indivíduo e orientá-lo em seu caminho.

É possível que haja também influências espirituais, mais comumente conhecidas como encostos ou obsessões, mas, neste caso, é preciso trabalhar a consciência espiritual do consulente para mudar seu padrão vibratório e não mais atrair "companheiros" espirituais que o atrapalhem.

Há banhos espirituais e rituais que possam abrir caminhos, mas tudo depende, mais do que a Fé, da mudança de atitude.

CAPÍTULO 4

PRÁTICAS DA UMBANDA

O que são as giras na Umbanda?

As giras na Umbanda são reuniões mediúnicas que podem ser abertas ou fechadas ao público. São momentos sagrados em que espíritos do plano superior se manifestam para passar suas orientações, apoiar curas e também reorganizar a relação dos indivíduos com as energias da natureza.

É possível, também, que nesses encontros os Orixás se manifestem, trazendo seu axé. A liturgia das giras depende dos fundamentos específicos da casa. Geralmente se começa saudando o Orixá e as entidades que trabalham com Exu, em seguida defumam-se o ambiente e os presentes, canta-se para os Orixás e entidades que dirigem a casa, abrem-se os trabalhos e aí, então, acontecem as incorporações.

Após os atendimentos fecham-se os trabalhos e, dependendo da casa, é possível ter ou não uma preleção sobre temas espirituais. Casas com forte influência kardecista podem ter também uma explanação com teor do "Evangelho Segundo o Espiritismo".

A duração da gira depende da casa, tradicionalmente não se estipula um horário para encerramento. Em nossa casa, como em muitas outras que conhecemos, determina-se a duração de duas horas.

É comum que, nas giras, até para otimização do tempo, os assistidos recebam uma senha indicando a entidade com a qual deve se consultar. Em nossa casa não adotamos tal prática, uma vez que existe uma afinidade vibratória e energética com determinadas linhas espirituais.

Uma gira está para o umbandista assim como a missa para o católico e o culto para o evangélico. É um momento de transcendência e contato com um Universo Sagrado.

Criou-se o mito sobre a participação ou não de crianças nas giras. Na maior parte das vezes o desenvolvimento mediúnico só pode acontecer a partir de 16 anos, mas nada impede que os pequenos possam, como assistidos, acompanhar seus familiares ao terreiro, tratando desde cedo com naturalidade a mediunidade e o intercâmbio com outras dimensões, sem incorporar.

Acredita-se também que as giras de exu devem ocorrer apenas à noite. Porém, essas entidades, enquanto protetoras, podem trabalhar em qualquer hora do dia, quando necessário. Desse modo, suas giras também podem acontecer a qualquer momento, sem restrições.

Eventualmente, quando existem necessidades específicas, podem ocorrer giras fechadas, de que participam apenas os médiuns iniciados, mas são, obviamente, reuniões em que a ética e o respeito irrestrito às leis divinas e terrestres são condutores das atividades.

As giras, normalmente, contam com a coordenação do Pai ou Mãe de Santo, a presença de ogãs junto aos atabaques, médiuns atendentes, assistidos por cambonos, cujas entidades prescrevem mudanças no comportamento, oferendas, assentamentos ou banho de ervas.

Para que servem os banhos?

Os banhos têm função de limpeza e reconstrução do campo eletromagnético dos indivíduos e carregam também fundamentos da aromaterapia em que certos odores induzem a determinados estados emocionais.

Um banho de sal grosso, por exemplo, deve ser usado com muita parcimônia porque neutraliza todas as energias no campo energético de uma pessoa. O sal, objeto inanimado, não tem consciência moral e, portanto, não faz distinção do que é uma energia positiva e negativa, neutralizando todos os tipos de energia. Pessoas que tomam com frequência banho de sal grosso, depois de certo tempo, podem ficar sem vitalidade, desmotivadas e propensas a desenvolver uma série de doenças.

Como veremos no capítulo dedicado às ervas, existem banhos energizantes, relaxantes e os que favorecem percepções extrassensoriais.

Qual a utilidade das velas?

Obviamente um espírito de luz não precisa da chama de uma vela para se iluminar. Os guias trabalham com as velas com quatro objetivos:

Queimar vibriões – nódulos energéticos que se formam a partir de pensamentos e sentimentos repetitivos e obsessivos; larvas astrais que se alimentam das sujeiras astrais que são emitidas; formas de pensamento e ligações fluídicas com encarnados e desencarnados;

1. Gerar energia para curas e materialização de projetos, já que o fogo auxilia determinadas realizações na Terra;
2. Emitir chamas que, através das cores, vibram em determinada frequência, agindo nos mesmos princípios da cromoterapia;
3. Trazer de forma simbólica consciência para um encarnado ou desencarnado.

Entidades e Orixás comem?

As entidades de luz não precisam de nenhum alimento material; os Orixás, enquanto forças da natureza, tampouco precisam de frutas ou qualquer outra iguaria pedida em um terreiro. Quando as oferendas são entregues, são extraídos fluidos, manipulados por elementais da natureza e espíritos desencarnados, que serão utilizados para um propósito de cura ou realização de projetos dos indivíduos encarnados.

Cada alimento gera uma frequência vibratória particular. Dendê, pimenta, café e cachaça são estimulantes, ressonam na mesma sintonia energética de Orixás como Exu, Xangô e assim por diante.

Muita gente diz que a Umbanda é coisa do diabo. O que vocês podem dizer a respeito?

A Umbanda, quando praticada de forma séria e seguindo seus mais rígidos princípios, é uma religião que observa todos os ensinamentos de Jesus e dos grandes mestres como Buda, Lao Tse, entre outros: o amor ao próximo como a si mesmo, assim como a todas as demais criaturas existentes no planeta. Até porque o catolicismo e o espiritismo kardecista fazem parte das raízes da Umbanda. Acreditar na existência do demônio é completamente incoerente para quem acredita na existência de um Deus Supremo. Como o Criador Onipotente poderia criar uma força que faria frente ao Seu Poder?

A imagem do demônio foi criada pelos homens para assumir a responsabilidade de seus próprios erros e também para infundir medo e arrebanhar seguidores. Isso não nos impede de dizer que existem espíritos encarnados e desencarnados desequilibrados e atormentados pelas suas próprias ilusões, causando e propagando dores em pessoas e animais. Esses pseudodemônios certamente, um dia, pela lei da evolução, encontrarão uma nova consciência, se arrependerão do passado e se tornarão também trabalhadores do bem.

Nas giras de Umbanda nunca se menciona o demônio, ao contrário de outras religiões que invocam a torto e à direita o seu nome. Assumir a responsabilidade pelos próprios erros e suas consequências, e não atribuir culpa a seres extracorpóreos, é a primeira obrigação de todo umbandista.

Um grande mestre ensinou que o povo inventou o diabo e, não sabendo o que fazer com ele, o jogou na Umbanda, que também não o aceitando o despachou e mandou de volta. A segunda frase, como já vista na obra, diz que não existe o mal absoluto, o mal é algo que está na hora e no lugar errados. Um exemplo é o da cobra, que na mata está em seu habitat, cumprindo sua função na natureza. Porém, a mesma cobra em uma sala de aula está na hora e no lugar errados, possivelmente causando danos e medo. O mal é ignorância das leis universais.

Aproveitamos a oportunidade para lembrar que Exu não é o diabo. Trata-se de uma força revolucionária, que cumpre os propósitos divinos e que aceita os prazeres como algo natural. Exu representa o fogo que dá vida. Exu é uma força que não aceita ser dominada. Algumas das religiões do Ocidente tentam demonizar o Orixá como forma de manter sob controle seus fiéis. Exu foi transformado em diabo nas Américas para enfraquecer a população africana e impedir, a todo custo, qualquer revolução.

O que é a firmeza de anjo de guarda?

A firmeza de anjo de guarda, que, em alguns lugares, é chamada de assentamento de Eledá, é um ritual para fortalecer o equilíbrio, alinhar os corpos energéticos e chacras e reforçar a autoconsciência. Aumenta, portanto, as próprias defesas energéticas. Obviamente um indivíduo autocentrado e lúcido tem melhores condições de tomar decisões favoráveis e não se envolver em confusões.

Nesse assentamento utiliza-se vela branca, seja palito ou de sete dias, e um copo d´água, em sua forma básica. A aparente simplicidade esconde uma grande força espiritual. Também se oferece mel com farinha de mandioca.

O que são cruzamentos?

É possível cruzar ou consagrar imagens, talismãs ou qualquer outro elemento do universo físico em um ritual de Umbanda. O cruzamento nada mais é que o assentamento, ou seja, o ato de magnetizar com as energias de um determinado Orixá uma pessoa ou objeto.

O que é coroação dentro da Umbanda?

A coroação é um ritual que demonstra o indivíduo, após uma trajetória de estudos e práticas, ter alcançado uma conexão mediúnica com seus guias mais alinhada, fluida e ostensiva.

Ao ser coroado, a comunidade entende que a conexão do indivíduo com seus mentores está bem alinhada, mas isso não torna necessariamente o médium apto para dar consultas. Um médium que recebe autorização para dar passe precisa ser maduro, discreto, ético, responsável, disciplinado, conhecedor dos fundamentos da casa e, dentro do possível, exemplo para aqueles que são atendidos pelos seus guias.

Há quem justifique seu comportamento errado com a máxima "meu guia que é santo, não eu". Obviamente não se exige santidade de nenhum espírito encarnado, mas como pode alguém que busca auxiliar na melhoria do planeta não ser ele próprio o primeiro a se melhorar?

Uma conexão energética entre médium e mentores é consolidada durante o ritual. Grosso modo, a coroação estreita fortemente o vínculo entre os encarnados e desencarnados.

E do que se trata a feitura na Umbanda?

A feitura é um ritual que fortalece a ligação do indivíduo com a sua mais pura essência, o Orixá. Se na coroação vincula-se mais intimamente o indivíduo a outras consciências e inteligências – espíritos, no caso da feitura –, fortalece-se a conexão do médium com as forças da natureza que predominam em sua constituição.

Uma feitura evidencia na personalidade do indivíduo os arquétipos associados a um determinado Orixá e garante àquele que é feito uma relação mais próxima e íntima com os elementos dessa expressão divina, além de trazer mais força e proteção a quem foi feito. É como ligar um eletrodoméstico a uma corrente elétrica.

Geralmente na Umbanda não se raspa a cabeça, tampouco exige-se a mesma rigidez de preceitos que aqueles praticados no Candomblé. Mas em absoluto pode-se afirmar que a ligação de um médium com seu Orixá na Umbanda é menor ou mais fraca do que um filho do Candomblé. A força de uma relação não se dá em rituais, mas na fé e na confiança entre as partes.

Um pai ou uma mãe de santo, durante o ritual de feitura, através de várias técnicas de manipulação energética pode fortalecer a ligação de um médium com seus Orixás, mas o tamanho e a força dessa presença dependem da fé da entrega e do respeito que o iniciado tem para com essas forças da natureza. Por isso diz-se que na feitura o Babalorixá ou Iyalorixá plantam axé. Irmãos de um mesmo barco podem ter relações muito distintas com a feitura. Um axé plantado em solo mais fértil vai ganhar mais força se o cultivo for cuidado, respeitado com frequência.

As obrigações que se sucedem após a feitura evidenciam o estreitamento, a intensidade e a profundidade da ligação do indivíduo com seus Orixás. A feitura é o início da relação íntima com o Orixá, que só se encerra no momento da desencarnação.

Na Umbanda é possível ter o batismo, o casamento e até cerimônias fúnebres?

O que se espera dentro de cada um dos rituais descritos acima é a simbologia que a passagem representa e, também, basicamente a manipulação de forças da natureza e energias na harmonização e proteção do indivíduo em cada etapa da vida.

O que são pontos na Umbanda?

Na religião fala-se todo o tempo de pontos cantados e riscados.

Os pontos cantados são cantigas que têm a mesma função de uma reza, de uma oração: louvar, pedir e agradecer. Atuam também como mantras, fortalecendo a fé dos indivíduos em seus guias, Orixás e Deus, sem esquecer que de forma lúdica passam conhecimentos e fundamentos sobre um Orixá ou sobre um guia. Estudos acadêmicos também mostram que a música tem o poder de alterar o estado emocional e de consciência dos indivíduos e é elemento fundamental em todos os cultos religiosos. Na Umbanda, os ogãs, indivíduos que tocam os atabaques, são considerados músicos sagrados porque, através do som emitido, altera-se a vibração de um ritual favorecendo o estado de transe. Há toques de tambor diferentes para cada linha e Orixás. Isso porque cada um trabalha com frequência vibratória distinta. Há casas que não se utilizam dos tambores, mas isso em absoluto desvaloriza o trabalho realizado.

Já os pontos riscados são mandalas riscadas no chão que concentram, transformam ou "descarregam" energias. Podem ser também portais abertos com outras dimensões que favorecem o intercâmbio de vibrações.

O ponto riscado, quando corretamente interpretado por quem entende, indica elementos de identidade do espírito e até mesmo a missão do médium em Terra.

Para que servem os fios de contas?

Aqueles colares que os umbandistas usam podem ter várias finalidades. A primeira delas é de proteção. Os fios de contas, ou guias, são como para-raios evitando que descargas energéticas afetem o corpo físico de quem as usa. A segunda função é de energizador. Esses fios, depois de cruzados por guias, carregam axé, energia de um determinado Orixá. E a terceira finalidade é ajudar os dirigentes espirituais a reconhecer quais os fundamentos que cada médium da casa carrega: desde Orixás até linhas de trabalho.

O que é um assentamento?

Assentar, conforme diz o dicionário, é estabelecer de forma permanente algo, conservar e aplicar. Em nossa religião, assentar um Orixá ou uma energia significa fixar essa força em uma pessoa ou lugar.

Portanto, o assentamento é um ritual cujo objetivo é imantar e conservar uma determinada energia através do uso de rezas, ervas, comidas e velas.

O assentamento intensifica a presença da energia de um Orixá, por exemplo, na vida de um indivíduo.

Assentam-se forças de proteção em terreiros, residências, comércios. Podem também receber assentamentos os talismãs e até pessoas.

O que é sacudimento?

Sacudir significa movimentar. O sacudimento é um ritual de movimentação energética, que pode, inclusive, descarregar um indivíduo de energias negativas que atrapalham sua vida. O sacudimento pode se dar com fogo, através das defumações; com terra, através dos bate-folhas; das águas, através de banhos; e do ar, através de mentalizações.

CAPÍTULO 5

EU RECEBO GENTE MORTA... OS SINTOMAS DE MEDIUNIDADE E AS ENTIDADES

Sou médium, se não trabalhar vou ser castigado?

A mediunidade é um talento inerente a todos os seres humanos e foi, é e será desenvolvida no decorrer das encarnações. Há mais de 49 tipos de expressões mediúnicas conhecidas, as mais comuns são:

Vidência: capacidade de enxergar espíritos e realidades de outras dimensões;

Clariaudiência: possibilidade de ouvir sons de outras dimensões;

Psicografia: mensagens são transmitidas através da escrita. Pode ser mecânica – o médium não tem consciência do que está sendo escrito – ou inspiracional – o médium recebe as ideias e as transcreve para o papel;

Psicofonia: capacidade de expressar verbalmente mensagens de outros espíritos encarnados ou desencarnados e canalizar oralmente subpersonalidades ou formas de pensamento;

Psicopictoriografia: capacidade mediúnica de materializar obras de arte de grandes artistas desencarnados;

Psicometria: capacidade de perceber a história de determinados objetos através da vibração que eles emitem.

Incorporação: além de expressar verbalmente, o médium, através dessa habilidade, também expressa corporalmente a mensagem, os trejeitos e até danças de espíritos.

Muitas pessoas podem possuir duas ou mais expressões mediúnicas e na Umbanda trabalha-se com maior ênfase a incorporação, que pode servir de vetor acelerador das outras expressões.

A mediunidade, sendo uma condição natural, coexiste com os demais sentidos – tato, olfato, visão, paladar e audição– e favorece uma melhor percepção da vida para quem a possui e para os demais a quem o médium pode auxiliar.

Ninguém pode ser obrigado a exercer qualquer que seja o talento que possui, isso é violentar a lei do livre-arbítrio. Mas se a mediunidade for educada em um terreiro e utilizada para trazer consciência e cura a quem precisa, o médium consegue expressar generosidade e amor, ressoando essas virtudes em sua própria vida.

Pessoas que trabalharam com a mediunidade por algum tempo e decidem seguir outros caminhos não serão punidas por não darem continuidade aos trabalhos. Vale lembrar, porém, que a mediunidade não cessará e as pessoas estarão em constante intercâmbio com essas energias, exigindo educação e disciplina mediúnicas, que são obrigatórias a quem já desenvolveu tais habilidades.

Há, no entanto, dois princípios espirituais manifestados em duas perguntas: o que fiz dos dons e talentos que recebi? Cumpri minha missão de deixar o mundo um lugar melhor do que quando aqui cheguei?

Como a mediunidade se manifesta?

Qualquer desajuste emocional ou físico deverá sempre ser tratado primeiramente por profissionais habilitados, como dito anteriormente. No entanto, quando os desequilíbrios não apresentam causas conhecidas pela ciência tradicional ou persistem apesar das terapêuticas que são prescritas, se faz necessária uma observação espiritual e energética.

Descartadas as explicações médicas e psicológicas, alguns sintomas de que a mediunidade deve ser educada são: variações constantes de humor, explosões de agressividade, desejos repentinos de consumir bebidas alcoólicas, drogas ou cigarros, desejos sexuais quase incontroláveis, dores de cabeça constantes, insônia, alergias de pele, diarreias, micoses e bocejos constantes.

Algumas situações, além da saúde, também podem ser indicadores de que a mediunidade precisa ser educada e ressoam na vida da pessoa, como uma situação financeira difícil por um longo tempo, problemas constantes de relacionamento com pessoas próximas, lâmpadas e eletrodomésticos que queimam frequentemente na casa e plantas e animais doentes em casa.

A partir do reequilíbrio energético e da educação das faculdades mediúnicas, os sintomas deixam de interferir na vida das pessoas. Não como prêmio, mas como resultado de equilíbrio psíquico, emocional e energético.

Como a mediunidade é utilizada na Umbanda?

A primeira função da mediunidade em uma casa é apresentar ao encarnado a existência de múltiplas dimensões, a imortalidade da alma e a possibilidade de intercâmbio com planos energéticos distintos.

A segunda função é educar emocionalmente os médiuns de um terreiro, transformando-os em pessoas mais lúcidas, conscientes, sábias, tolerantes e generosas com o próximo.

A terceira função é trazer conhecimentos de mestres espirituais para o plano dos encarnados.

A quarta função, mas não última nem menos importante, é apoiar a cura emocional, espiritual e física de quem procura uma casa espiritual.

A consciência no processo mediúnico é de fundamental importância para o crescimento intelectual, emocional e espiritual do médium. Não é por acaso que uma pessoa vai ser atendida por um médium e seus guias, e as orientações que serão passadas servem, de alguma maneira, também para o médium de passe e seu cambono (assistente do médium consulente no atendimento).

Aqui vale uma observação sobre a consciência e a inconsciência da mediunidade.

Vários médiuns em centros kardecistas e de Umbanda foram porta-vozes de mensagens que explicam que a mediunidade do futuro será consciente. A mediunidade inconsciente foi necessária em um determinado tempo para desfazer qualquer dúvida sobre a autenticidade da comunicação.

A consciência da mediunidade permite ao médium aprender com o guia e a consulta e mostra cada vez mais a importância do livre-arbítrio e da lei de sintonia.

Os espíritos de luz têm maior afinidade com o médium que os auxilia quando este último vibra na mesma frequência que seus guias. E mentor nenhum age sem autorização de seu médium. Isso seria possessão.

Em alguns momentos o médium poderá ficar inconsciente ou semiconsciente no momento da incorporação. Isso ocorre em casos muitos específicos quando os mentores querem evitar a qualquer custo a interferência na mensagem.

Outro paradigma a ser combatido é aquele que diz que melhor o médium ignorante porque deixa o espírito trabalhar sem interferência. Há, sim, a necessidade de estudo dos que aspiram ser médiuns eficazes no trabalho. O guia vai utilizar de todo o repertório linguístico, cultural, emocional e espiritual do "cavalo" para trabalhar melhor.

A incorporação assegura uma expansão de percepção e inteligência do médium no tempo em que ela ocorre e cabe ao médium consciente se apropriar desses ensinamentos em sua própria vida.

O que se entende por guias na Umbanda?

Os guias ou mentores espirituais são espíritos desencarnados, obviamente mais sábios, inteligentes e lúcidos que os médiuns que protegem. Um caboclo, um preto velho ou um exu não são empregados dos encarnados e não se deixam corromper com bebidas, cigarros e oferendas.

A função dessas entidades é a mesma de um educador ou médico, ou seja, orientar os melhores caminhos a seguir, as melhores opções e eventualmente trabalhos que possam ajudar a transformar a vida daqueles que passam em consulta. Mas o resultado depende essencialmente da mudança de atitude e do padrão vibratório de quem procurou as entidades.

Muita gente se pergunta por que esses espíritos se apresentam na forma de nativos da Terra, escravos, camponeses ou crianças. Rebatemos com outra pergunta: e por que não? Acaso a figura de um ancião branco, a de um médico alemão ou a de um padre tornam o espírito mais valoroso?

Em muitos meios espiritualistas as pessoas se gabam de terem sido grandes personagens históricos em outras vidas. Do mesmo modo muitos sonham psicografar obras de Machado de Assis, Shakespeare e até Moisés.

Os guias na Umbanda vêm mostrar a sua grandeza se eximindo de toda e qualquer vaidade, focando a mensagem em seu conteúdo e não na assinatura de quem a expressa.

É importante saber que os espíritos no plano espiritual assumem a forma que desejarem. Como sempre é dito, nem todo caboclo foi índio e nem todo preto velho pode ter sido negro ou idoso. Muitos assumem essas formas porque os arquétipos que representam facilitam a compreensão do trabalho pelos encarnados. Um marinheiro falar de saudade e também de amores é mais bem compreendido pelo grande público do que um espírito na forma de um militar. Outrossim, um Exu que cuida da segurança pessoal dos médiuns e das casas precisa ostentar uma imagem viril e que impõe temor.

Um espírito desencarnado escolhe a forma com a qual melhor se afiniza ou a forma que melhor pode expressar sua mensagem, independe das experiências vividas em vidas passadas.

Os exus e bombojiras, ao contrário do que muita gente pensa, são trabalhadores devotos do bem, da lei e da justiça. Nada têm a ver com quiumbas ou obsessores. São espíritos desencarnados que escolheram a difícil tarefa de acompanhar mais diretamente a proteção dos encarnados e assegurar a ordem de lugares públicos, como cemitérios e ruas, assim como de campos sagrados. Conhecem com profundidade as sombras e também o elemento fogo. Numa analogia simples, podemos dizer que seriam, por exemplo, policiais que trabalham durante a noite para garantir a ordem pública. Há quem diga que diante de tanta abnegação melhor exemplificam a fraternidade e o espírito da caridade. Os exus e as bombojiras são responsáveis por processos complexos de limpeza energética e usam do álcool e do fumo para essas funções.

Exus da linha das caveiras, por exemplo, buscam manter a ordem dentro de cemitérios e necrotérios, evitando que espíritos vampiros venham tentar sugar o restante do fluido vital dos desencarnados. Os guardiões procuram também apoiar a passagem daqueles que deixam o corpo físico para uma nova dimensão. Os exus podem, também, ser grandes professores de perdas. A luzbel é consciência adquirida através da perda. Eles mostram por meio das sombras a importância da luz, através da morte a grandeza da vida e das doenças o valor da saúde. Os exus e bombojiras podem ser mais bem compreendidos sob uma perspectiva taoísta, em que polaridades e dualidades formam o todo e que não existe mal absoluto; como falamos anteriormente, todas as energias cumprem um papel definido na Vida. Veja o caso, por exemplo, dos Tranca Ruas, que são temidos por grande parte da população que acredita serem eles os responsáveis por atravancar a vida dos encarnados. Os espíritos que trabalham dentro dessa linha podem fechar caminhos perigosos para seus tutelados e também criar barreiras para a chegada do mal na vida daqueles que protegem.

Já as bombojiras são espíritos de mestras dos sentimentos e das emoções, conseguem dar consciência ao fogo que todos temos. Ajudam a direcionar a libido ou a energia vital na construção de projetos, na materialização de sonhos, na cura e também nas relações afetivas saudáveis. Procuram ajudar as mulheres a recuperar o poder que a História lhes tirou,e em muitos casos ajudam aquelas que as procuram para tomar consciência de seu próprio valor, vivenciar a sensualidade e a sexualidade de forma saudável, sem culpas, e também desenvolver autoestima.

No caso dos exus mirins, ao contrário do que muitos pensam, não se trata de crianças "encapetadas", mas de espíritos de elementais, ou seja, que estão em um estágio intermediário na evolução da espécie, entre os animais irracionais e os humanos. São grandes auxiliadores na transmutação de energias negativas para positivas e na neutralização de magia negra. São convocados, por exemplo, ao final de certos trabalhos para higienizar e purificar centros espíritas após giras muito densas.

Certas casas dizem que exus e bombojiras devem ser cultuados na rua e que é desaconselhável trazer assentamentos ou cultuá-los dentro das casas espirituais ou ambientes domésticos. Perguntamos: se são eles responsáveis pela segurança dos indivíduos e trabalhadores também de Cristo, por que essa distinção?

A ideia de que são povo de rua é resultado de uma compreensão limitada e antiga dessas entidades, como se fossem espíritos de prostitutas e boêmios, sem que haja nenhum preconceito de nossa parte para com esses indivíduos.

Os caboclos expressam a ligação com a terra, exibem e ensinam coragem, confiança, astúcia e vigor. Todos os caboclos, independentemente do Orixá que carregam, atuam na vibração de Oxóssi. Na Umbanda há a seguinte segmentação: caboclos de pena e caboclos boiadeiros.

Os caboclos de pena podem se apresentar como índios brasileiros, norte-americanos, astecas, maias, incas, australianos, peruanos, canadenses e até africanos. Também carregam Orixás e seus nomes e falanges aos quais pertencem os explicitam, por exemplo: um Caboclo Ventania e Cabocla Brisa do Mar são de Iansã, um Caboclo Cachoeira ou uma Cabocla Estrela da Manhã são de Oxum, um Caboclo Pena Branca é de Oxalá, um Caboclo Flecheiro é de Oxóssi e um Pedra Preta é de Xangô. Em muitas giras de caboclos se apresentam entidades que se intitulam Ogum. Evidentemente em casos assim, não é o próprio Orixá que está em terra, mas espíritos cujo Orixá de cabeça é Ogum ou que são mestres nas forças desse Orixá guerreiro. Em relação aos paramentos utilizados pelos médiuns, em muitos terreiros usam cocares de penas, porém, por questões de sustentabilidade e respeito à ecologia, várias casas se utilizam de representações como diademas ou fitas feitas de couro, tecidos e palha da costa. Durante as consultas os caboclos de pena trabalham com charutos, coités (cuias feitas de coco) e chocalhos com muita agilidade, muitas vezes entonando brados. Vários terreiros adotam, no caso dos caboclos de Ogum, capas, canecas e artefatos de metal, utilizando-se do mito de grandes guerreiros e forjadores de ferro. Na maior parte das casas armas brancas são proibidas. Voltando aos caboclos de penas, deve-se saudar essas entidades com "Okê Caboclo" e pode-se oferecer cerveja branca, mandioca e frutas em suas oferendas.

Os caboclos boiadeiros traduzem a relação mais íntima do homem com os animais e seus próprios instintos. Boiadeiros trabalham muito na união de grupos e famílias, na recuperação de bens materiais e imateriais perdidos, assim como no domínio das próprias emoções. Utilizam figuras metafóricas como porteiras abertas ou fechadas para mencionar caminhos com obstáculos ou livres, ou ainda laçar touro bravo para domar uma situação difícil. Sempre se apresentam de forma viril e destemida. Os caboclos boiadeiros trabalham com laços e chapéus de couro, lenços no pescoço, berrantes, charutos e cerveja. São saudados com "Jetruá".

Os pretos velhos são assim denominados pois representam a sabedoria, o amor, a paz e o acolhimento dos anciãos, assim como inteligência e domínio interior de muitos dos africanos escravizados do Brasil colonial. Podem ser de Congo, Guiné, Angola, Luanda ou Aruanda. Trabalham sentados, utilizam em seus ensinamentos uma forte expressão religiosa cristã por uma forte influência histórica, apesar de serem os melhores conhecedores dos Orixás africanos. Apresentando-se dessa forma, expressam a real grandeza de manter suas raízes culturais e ser capazes de acolher a cultura que lhes foi imposta, quebrando a barreira e o preconceito entre as religiões. As principais virtudes pregadas e exemplificadas pelos espíritos que trabalham nessa linha são a humildade, a simplicidade, a paciência, a compreensão, a ternura e o perdão. Trabalham muito em conjunto com as crianças, cujos fundamentos veremos em outro momento. Os pretos velhos usam chapéus de palha e as pretas velhas lenços e aventais, alguns necessitam de bengalas. Trabalham com terços ou rosários, caneca de ágata, café frio, bolo de fubá, rapadura, melaço, cachimbo, cigarro de palha, benzimentos e fumo de rolo. A saudação é "Adorei as almas".

A linha dos africanos não é tão conhecida nos terreiros como as demais; nela se encontram espíritos de jovens negros oriundos da África que carregam força e vitalidade, como os caboclos e o poder magístico dos pretos velhos, e, por esse motivo, acabam trabalhando nessas linhas mais comuns. Aqui vale parênteses: a adaptação dos espíritos às tradicionais linhas da umbanda ocorre com frequência. Vejamos o caso dos espíritos de chineses, japoneses, egípcios e árabes que integram a linha do oriente, juntamente com ciganos. Aos africanos, comumente são oferecidos charutos, cachaça, alaka e búzios. "Salve os Africanos" é a sua saudação.

Os baianos são espíritos com forte ligação à terra e, também no desmanche de magia, muitos espíritos que se apresentam nessa falange foram pais e mães de santo, benzedeiros e outras figuras de relevância em religiões de matriz africana. Podem transitar com mais facilidade nas vibrações da direita e da esquerda, assim como as linhas dos malandros e dos ciganos. Ainda que levem o nome de pessoas nascidas no estado da Bahia, muitas dessas entidades podem não ter tido nenhuma experiência na Terra de Todos os Santos. Apresentam-se muito alegres, ligeiros e com um remelexo muito próprio de quem tem consciência das coisas da terra. Trabalham com coco na quebra de mandingas, mas se utilizam também de elementos como pimenta, dendê e cocada em seus trabalhos. Não se pode esquecer dos espíritos baianos que se apresentam na forma de cangaceiros e que têm uma forte influência na segurança dos médiuns, dos trabalhos e do terreiro. Usam em suas consultas metáforas relacionadas ao plantio, cultivo e à colheita, mostrando a boa relação do homem com as coisas da matéria. Para o trabalho, no caso das baianas, utilizam-se de lenços de renda, saias de chitas, flores na cabeça e fios de contas de semente ou olho-de-boi ou olho-de-cabra. No caso dos baianos, gibão e chapéu de couro. São saudados com "É da Bahia" e oferecem-se em suas entregas coco, acarajé, rapadura, cigarro de palha e cocada.

Os marinheiros são espíritos que manipulam com facilidade e perícia emoções e os elementais das águas – como sereias e ondinas –, conhecem como ninguém as aflições e perdas emocionais, a solidão e a instabilidade dos sentimentos em um mundo em que a razão e o materialismo comandam as consciências humanas. São, antes de tudo, conselheiros e orientadores das direções que devemos tomar em nossos relacionamentos. Trabalham na cura de vícios (alcoolismo, drogas, jogos e sexo) e são muito eficientes. Aparentam estar bêbados ou mareados em suas incorporações, mas é apenas uma forma de expressar a relação fluida que têm com o universo rígido e estático que a maior parte dos encarnados buscam. Para os trabalhos, utilizam-se de chapéus, quepe e caneca de ágata. A saudação é "E marujada" e oferecem-se cordas, cerveja branca, cigarro e peixe.

Na maior parte das vezes, os espíritos que se apresentam na forma de crianças desencarnaram precocemente na última passagem que tiveram pela Terra. Mas isso não é unânime. Como já dissemos anteriormente, o espírito pode assumir a forma que quiser e muitos escolhem a forma infantil porque facilita o trabalho que desenvolvem. Simbolicamente as crianças na Terra não conhecem os limites que os adultos se autoimpõem: podem brigar entre elas e momentos depois nem se lembrar dos desafetos, na mais pura expressão do perdão. Durante uma consulta essas características podem ajudar e muito as pessoas que com ela tomam passe. O famoso ditado que diz "não sabendo que era impossível foi lá e fez" é a máxima do trabalho das crianças dentro da Umbanda. Podem ser mais poderosas que qualquer outra entidade dentro da religião, e essa é uma das principais razões que explicam a popularidade das festas de Cosme e Damião e das crianças dentro de qualquer terreiro. A criança "entidade" não é o mesmo que o Erê no Candomblé. No primeiro caso são espíritos com consciência própria, enquanto no segundo caso é uma expressão do inconsciente do médium que não possui filtro algum ao se comunicar.

Como acontece com os encarnados, nunca se deve prometer algo para uma criança espiritual porque ela pode vir a cobrar a dívida, mesmo muitos anos depois do que foi prometido e não entregue, por conta da dimensão distinta de tempo e espaço.

Obviamente a criança espiritual não vai precisar de um brinquedo ou um doce, mas ensina a cobrança o valor da honra e da palavra que muitos adultos há muito tempo já esqueceram. Em suas incorporações, as crianças fazem uso de laços para os cabelos, bonés, fitas, tiaras, elástico no cabelo, chupetas, boneca, bola, doces, guaraná e frutas. No caso das crianças que se apresentam na forma de pequenos índios, podem pedir paramentos ligados ao universo indígena. São saudados com "Oni Ibejada" e se oferecem doces, pirulitos, balas e guaraná.

Sendo a Umbanda uma religião que acolhe a todos sem qualquer tipo de distinção, obviamente espíritos com experiências culturais diversas e que reencarnaram em etnias que não a branca, a negra e a indígena não poderiam deixar de ter um espaço para trabalhar e orientar os encarnados. Espíritos que na última jornada nasceram no Oriente Médio e na Ásia, tais como egípcios, árabes, chineses e japoneses, incorporam nos trabalhos da linha do Oriente. Como acontece em muitas casas e nas linhas dos ciganos, os trabalhos dos espíritos orientais seguem uma dinâmica muito própria e diferente das demais linhas tradicionais, a começar pelo raro uso de atabaques e das tradicionais guias de miçangas, cristais e sementes. As consultas costumam ser mais rápidas, mas nunca menos eficientes. Normalmente não usam paramentos como as outras linhas e seus trabalhos, porém utilizam-se de roupas próprias, de acordo com os fundamentos que carregam, tais como vestimentas espanholas, ciganas, árabes, indianas ou russas. Pela frequência vibratória, agilidade e silêncio, às vezes se assemelham aos trabalhos dos centros kardecistas.

Os ciganos que formam uma população marginalizada e pouco compreendida em nosso plano encontram na Umbanda a reverência e o respeito que merecem. Seus rituais, cheios de sabedoria milenar, são festivos e encantam os presentes. Neles incorporam ciganos espanhóis, portugueses, do leste europeu, do norte da África e da Índia. Assim como na linha do oriente, os rituais não fazem uso dos atabaques, e os médiuns usam paramentos e roupas que representam fielmente as entidades que incorporam. Essas entidades em Terra fazem uso dos utensílios que os clãs ciganos utilizam quando encarnados, como cartas, pandeiros, cristais e incensos. Nessas giras se cultua Santa Sarah Kali, uma escrava indiana e negra (daí o nome Kali) que saiu da Palestina juntamente com José de Arimateia, Maria Salomé e Maria Jacó, os quais chegaram ao Sul da França para pregar o cristianismo. Todos os anos, nos dias 24 e 25 de maio, na cidade de Saint Maries de La Mer, ciganos de todo o mundo e devotos dessa santa se encontram para festejar a cultura cigana.

Os ciganos nas giras não costumam prever o futuro distante, mas podem usar de oráculos para externar situações que afligem os assistidos, e há alguns espíritos que, revestidos dessa forma, se apresentam nas giras de Exu.

A saudação é Optchá e nos assentamentos se oferecem *tchai* (chá feito de maçã ou pêssego e especiarias), frutas, incensos, moedas, velas amarelas e azuis, fitas nas mesmas cores e pedras semipreciosas.

As histórias sobre as entidades disponíveis na internet são reais?

Sim, podem ser reais, mas não necessariamente e tampouco são universais. Tome por exemplo a Cabocla Jurema, que é o nome de uma falange sob a qual trabalham inúmeros espíritos que tiveram histórias de vida muito distintas e que desejam se apresentar na forma de uma índia, na vibração de Oxóssi e com a capacidade de ajudar quem as procura e suas buscas interiores.

Geralmente as histórias disponíveis descrevem a vida de um espírito específico que assumiu determinado nome de falange, o que não significa que todos os espíritos com o mesmo nome possuem a mesma história. Para saber a história de alguma entidade é necessário perguntar diretamente a ela.

Todo mundo incorpora espírito?

Não, nem todas as pessoas são médiuns de incorporação. As habilidades mediúnicas variam de pessoa para pessoa e podem incluir a incorporação de espíritos, audição e visão de espíritos, bem como a psicografia, elas se desenvolvem em tempos diferentes e não podem ser comparadas, pois cada indivíduo é único. Na psicofonia, comum no espiritismo kardecista, o médium utiliza a fala para transmitir mensagens de espíritos desencarnados. Essas mensagens podem ser transmitidas através do pensamento ou de forma inconsciente, influenciando a fala do médium. O médium sente as emoções e a frequência vibratória do espírito comunicante durante a psicofonia, refletindo paz e compaixão para espíritos de luz e angústia e medo para espíritos obsessores.

Como saber se a mensagem é realmente de um espírito?

Para determinar a autenticidade de uma mensagem de espírito, os médiuns iniciantes podem observar o conteúdo da mensagem, se ela contém revelações desconhecidas pelo médium, pensamentos que diferem de suas crenças habituais ou raciocínios sofisticados, é mais provável que tenha uma autoria espiritual.

No caso da incorporação, a autenticidade também pode ser avaliada observando a forma como o médium se expressa. Os espíritos desencarnados costumam transmitir mensagens com características específicas, como timbre de voz, respiração, ritmo, vocabulário e gestos particulares. Por exemplo, pretos velhos podem incorporar de forma distinta, com gestos lentos e uso de expressões arcaicas e regionais. Caboclos, ciganos, boiadeiros, entre outros, também apresentam características únicas em sua incorporação, como trejeitos, idioma, danças e comportamentos específicos.

É importante notar que, em muitos casos, os médiuns não estão totalmente inconscientes durante a incorporação, e os espíritos podem utilizar essas características para reforçar suas identidades e fundamentos, adaptando-se conforme desejarem.

Como se dá a incorporação?

Há uma expressão equivocada: baixar o santo. Ora, segundo Allan Kardec e outros mestres já explicaram, nenhum espírito entra em um corpo que não é seu. A única possibilidade é na gravidez, o que causa na maioria das vezes um desconforto que vai além do físico, assim como enjoos e variações de humor, muitas vezes atribuídas aos hormônios.

A incorporação mediúnica ocorre principalmente através do acoplamento de campos energéticos. O processo começa quando o médium abre seu campo vibratório e percebe a presença de espíritos desencarnados que estejam em sintonia vibratória. Em comum acordo, os campos energéticos se fundem temporariamente, permitindo que o espírito se manifeste através do médium e influencie seus chacras. Isso resulta em uma sensação de crescimento e ampliação do campo vibratório para o médium.

Os "estrimiliques", "trancos" e arrepios no processo mediúnico ocorrem quando dois campos vibratórios distintos se encontram, e os médiuns podem sentir além da vibração de seus mentores, outras irradiações. A educação mediúnica envolve aprender a controlar a hipersensibilidade, abrindo o campo apenas quando desejado, em ambientes seguros e com propósitos específicos, com espíritos afins. Médiuns obsediados ou "esponjas" não possuem esse controle e se conectam a espíritos e pensamentos sem critério ou consciência.

Esse acoplamento proporciona uma sensação de leveza após a incorporação e incentiva o médium a repetir a experiência, permitindo-lhe temporariamente experimentar o padrão vibratório de seu guia espiritual. Isso também motiva o desenvolvimento de qualidades que refletem essa sintonia e luz.

CAPÍTULO 6

O PASSE NA UMBANDA

O que é e para que serve um passe espiritual?

É um processo de reorganização energética promovido por uma entidade em um consulente, onde muda-se o padrão energético naquele momento.

O passe serve para descarregar a pessoa de energias densas e fluidos deletérios, realinhar os chacras e reenergizar o indivíduo quando está desvitalizado, além de cicatrizar lesões perispirituais.

Porém, o passe é uma medida pontual e atua nos sintomas e consequências. Cabe ao indivíduo mudar a postura diante da vida e atuar na causa. Dessa forma, pode-se dizer que o efeito do passe não é duradouro caso o indivíduo permaneça agindo da mesma forma. Todo terreiro tem o indivíduo papa-passe: aquele que toda semana vai à gira sempre com o mesmo problema. Sai descarregado, mas surdo às orientações dadas pelas entidades.

Então o passe não é o principal dentro de uma consulta?

Não. Uma consulta com uma entidade é dividida, geralmente, em três etapas: limpeza energética, proposta de trabalhos complementares como banhos, velas e oferendas e por fim, a mais importante, a orientação espiritual que propõe a renovação interior e a mudança de atitudes.

E onde entra o desenvolvimento mediúnico?

Cada casa tem uma política para educar os médiuns, já que ninguém desenvolve a mediunidade, apenas a educa. Em nossa casa o "desenvolvimento", para usar o termo mais comum, só acontece depois que o futuro médium realmente entendeu o que é Umbanda, a seriedade dos compromissos assumidos e quando todos os outros aspectos de sua vida estejam bem organizados.

Antes de ser um bom comunicador dos espíritos, o médium deve ser uma pessoa com um comportamento, dentro do possível, exemplar. Suas atitudes devem ser pautadas por ética, honestidade, não violência, respeito às diferenças e ainda ele deve estar aberto a novas ideias e aprendizado.

O médium iniciante deverá ter o seu desenvolvimento sempre acompanhado pelas entidades que escolheu como responsável e, uma vez que deixa o que chamamos de "pé da entidade", os laços com seus próprios mentores são estreitados e diminui a relação de estreita dependência com outros guias.

Da mesma maneira, o médium que carrega essas entidades responsáveis pelo desenvolvimento do iniciante tem como dever ensinar fundamentos e auxiliar a caminhada espiritual desse indivíduo, sendo um exemplo para seus tutelados.

Quais são as características que um médium em desenvolvimento deve ter?

A disciplina é a principal. O autoconhecimento é também essencial no desenvolvimento da mediunidade. Como saber qual tipo de pensamento ou sentimento pertence ao outro e qual ele está captando se ele próprio não sabe o que pensa e sente?

A ética também é fundamental nas atividades mediúnicas. Primeiro porque um médium nunca pode receber os aplausos e dinheiro por um trabalho que é executado por outrem, nesse caso, os espíritos. Tanto o médium incorporado quanto o cambono estarão diante de pessoas com grandes sofrimentos e, muitas vezes, arrependidas de atitudes condenáveis pela sociedade que lhes trazem muitas angústias. Não compete ao médium julgar, mas orientar aquele que errou a encontrar um novo caminho, inclusive para reparar as suas faltas.

A confidencialidade nos atendimentos é sempre obrigatória. Muito embora o médium não concorde com os erros cometidos e oriente os assistidos para que não ocorram mais, deve olhar com compaixão, sem emitir julgamentos. Em uma casa espiritual que lida constantemente com energias, a vigilância nos pensamentos e sentimentos é condição básica para uma boa incorporação. Só podemos ser instrumentos de espíritos com que temos afinidades.

Se um médium é usuário de drogas, age desonestamente prejudicando as pessoas ao seu redor, não poderá incorporar um espírito de luz em uma gira, já que seu padrão vibratório se afina com espíritos desencarnados que estão na mesma faixa.

O médium dentro da Umbanda deve estar sempre estudando. Como já falamos, é falsa a ideia de que é melhor ser ignorante e permitir que o espírito traga sua sabedoria como forma de atestar a veracidade e a competência de uma incorporação.

Uma comunicação dada pelos espíritos será muito mais eficiente quanto maior for o preparo intelectual do medianeiro. Um exemplo que utilizamos com frequência é o dos banhos de ervas, pois há mais de duzentas ervas utilizadas na Umbanda e no Candomblé para curar as mais diversas enfermidades físicas, emocionais e espirituais. O médium ignorante sempre irá recorrer às sete mais conhecidas.

Além disso, é preciso ter a consciência de que médium é médium 24 horas por dia e que a vigilância em seus pensamentos e sentimentos deve ser uma constante. Uma boa incorporação em um ritual depende de uma excelente relação que o médium tem com seus guias durante todos os dias da semana.

E como acontece o preparo de gira?

No dia em que um médium vai incorporar, é necessário que tenha algumas atenções. Não deve ingerir bebidas alcoólicas, carne vermelha nem ter relações sexuais pelo menos 12 horas antes dos rituais. Jesus dizia em seu evangelho que se deve dar mais atenção ao que sai da boca do que ao que entra pela boca. Ou seja, um espírito iluminado é conhecido muito mais pelo que fala do que pelo que ingere.

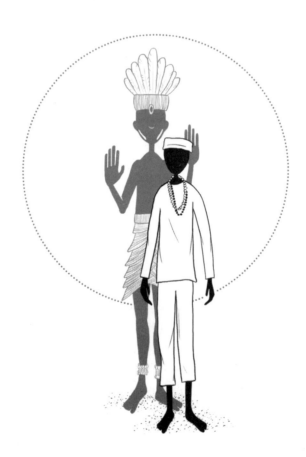

CAPÍTULO 7

SANGUE DE PLANTA TEM PODER

Por que se usam plantas na Umbanda?

Kosi ewe, kosi Orixá. Esse ditado em iorubá diz "sem folha não tem Orixá". Obviamente um Orixá, enquanto força da natureza, tem existência própria e não depende de uma planta para mostrar sua força. O ditado nos diz, apenas, que uma forma de trazer a força dos Orixás em nossas vidas é fazer o uso litúrgico de folhas, flores, pedaços do caule, raízes, frutas e sementes que carregam consigo as forças dos determinados Orixás.

Cada planta, em função de sua cor, formato ou utilização, é atribuída a uma determinada força da natureza.

Na mitologia africana dizemos ser Ossãe o Senhor das Ervas. Em uma determinada lenda conta-se que, por conta de uma ventania de Iansã, Ossãe permitiu que cada planta estivesse sob a tutela de um Orixá, além de si próprio.

Na Umbanda, geralmente, não é permitida a sugestão para ingestão de nenhuma substância, a não ser água, nem mesmo chás, o que poderia ser mal interpretado como prática de curandeirismo e exercício ilegal da medicina.

Podemos nos perguntar então como o axé das plantas pode ser utilizado. Em nossa religião os axés das plantas podem atuar por meio de banhos, escalda-pés, borrifadores e até na decoração e proteção de ambientes. Mas para isso é preciso conhecer quais as propriedades de cada erva, como elas devem ser colhidas, tratadas, manipuladas e combinadas com outros elementos de uso religioso.

Uma erva só pode ser colhida para uso entre 6 horas da manhã e 6 horas da tarde, nunca entre 12 e 13 horas, e preferencialmente nas noites de lua nova. Devem ser colhidas com uma tesoura afiada, para um corte único e certeiro, nunca rasgadas, para não machucar a planta. Antes da colheita deve-se agradecer a Ossãe através de um canto, um pensamento ou uma oração. É importante que se colha apenas o necessário. Lembrando que uma erva depois de utilizada deverá, sempre que possível, voltar para a terra, para adubar as outras.

Posso comprar banhos prontos nas lojas?

Há um grande comércio em torno de plantas secas e frescas, além de banhos prontos. A prescrição deve ser feita sempre por uma entidade ou um médium muito experiente. Não se deve, portanto, usar das ervas sem a devida orientação. É preciso muito conhecimento para se diagnosticar um problema. Uma erva mal utilizada pode, por exemplo, potencializar o problema que o indivíduo vive, ou ainda gerar efeitos adversos.

Uma erva seca tem uma utilidade diferente de uma erva fresca e também uma eficácia menor se pensarmos na quantidade de fluido vital presente em uma e em outra. Em ambos os casos o poder das ervas deverá ser ativado através de orações, mentalizações e/ou cantos.

Há médiuns que também ativam plantas utilizando-se de técnicas como o Reiki, imantando as folhas com o fluido vital canalizado através da técnica japonesa.

A primeira classificação das ervas é com relação ao elemento da natureza a que pertence, isto é, fogo, terra, água ou ar. O segundo elemento a ser observado é para qual Orixá pertence; o terceiro é para qual finalidade; e o quarto, com que outro elemento será combinado.

As ervas do fogo têm o poder de descarregar profundamente, estimular pessoas, lugares e situações, proteger ambientes e indivíduos, além de potencializar as características das outras ervas com as quais podem ser combinadas. Geralmente não são comestíveis e podem ser tóxicas. Como acontece com as demais, é preciso verificar para cada uma delas que efeito possui na saúde humana. Uma folha de urtiga, por exemplo, consagrada a Exu pode trazer fogo, ou seja, defesa energética em uma determinada casa/comércio quando disposta em um vaso ou jardim, mas nunca utilizada em banhos. Diferentemente do manjericão, por exemplo, consagrado a Oxalá, portanto do elemento ar, que pode ser utilizado em banhos, defumações, oferendas e também para decoração. As ervas de fogo tendem a ser mais escuras e pontudas, preferem ambientes secos e com muito sol. Não necessitam de muita água e podem, no caso das ervas de Exu, ser repletas de espinhos, ácidas, causar alergias e de sabor picante.

Já as ervas dos Orixás de terra são de maior número, muitas vezes comestíveis e também mais fáceis de serem encontradas. Servem para ajustar a relação do indivíduo com as coisas materiais e equilibrar a saúde.

É sempre importante lembrar que, no caso das ervas consagradas aos Orixás da terra, não se pode descartar o uso das sementes e dos caules, que podem ter tanto ou mais poder que as próprias folhas, pois cumprem a função de doadores de energias e de descarregadores espirituais. Por esse motivo, são muito utilizados em sacudimentos. As sementes de abóbora e de girassol são excelentes descarregadores de energia, assim como as sementes de feijão e de milho são ótimos doadores de energia para prosperidade e o caroço de abacate e pêssego são excelentes transmutadores energéticos. O mesmo ocorre com caules e trepadeiras, os cipós geralmente drenam energias negativas e os bambus ajudam a espantar eguns.

Dentro das ervas de Oxóssi, muitas foram consagradas à linha de caboclos, da mesma maneira que algumas de Omolu foram inseridas nos trabalhos dos pretos velhos.

As ervas consagradas aos Orixás de água têm o objetivo de sensibilizar, mexer com as emoções e trazer mais criatividade na vida de quem a elas recorre. Uma característica dessas ervas é que as folhas são mais arredondadas, tendem a ser suculentas, cores mais claras e suas flores são muito utilizadas para decoração; é o caso, por exemplo, das rosas, hortênsias, lírios, melissa e colônia. Obviamente a maior parte das plantas próximas às margens dos rios e aquelas dentro d'água fazem parte dessa segmentação.

As ervas do elemento ar ajudam os indivíduos muito presos às coisas da matéria no despertar para assuntos espirituais e intelectuais. São elas que tranquilizam e permitem também uma ampliação de consciência e lucidez de raciocínio. Em grande parte, são comestíveis e também mais conhecidas da população para simpatias e benzeduras. Tendem a ser bem aromáticas.

Quando se pensa em Orixás das Águas e do Ar, o uso das flores, sobretudo pétalas, é muito comum. É o caso das rosas, por exemplo.

As ervas mais comuns para defumação são: sálvia, benjoim, incenso, alfazema e alecrim. Para esse fim devem ser colhidas e secas ao sol, em seguida armazenadas junto de outros elementos ritualísticos, com todo o cuidado para preservar suas características que as tornam tão importantes energeticamente.

As ervas utilizadas para sacudimentos e bate-folhas precisam ser sempre frescas e utilizadas sem nenhum outro elemento ritualístico, assim como as ervas utilizadas em assentamentos.

Para o preparo de banhos, podem-se usar ervas frescas ou secas, conforme orientação das entidades; geralmente em número ímpar e acompanhadas de elementos como: pemba, mel, seiva de alfazema e até óleos essenciais. Há determinadas ervas, como veremos adiante, que, mesmo em banhos, nunca devem ser prescritas para crianças, idosos e gestantes. As ervas, da mesma maneira que os medicamentos, se utilizadas com muita frequência, perdem sua eficácia e daí a existência de três ou mais ervas com a mesma finalidade consagradas para um Orixá.

Por que é importante um médium conhecer a fitoenergética?

O estudo sobre os benefícios da fitoenergética é essencial para um médium de Umbanda, pois os princípios ativos dessas plantas acabam sendo utilizados para apoiar a cura de doenças emocionais, psicológicas, espirituais e de cada sistema do corpo atribuído a um determinado Orixá.

Para que sevem os elementos associados ao banho (pemba, mel, seiva de alfazema e óleos essenciais)?

A água é um excelente condutor e armazenador de energia. Também pode carregar o axé de um determinado Orixá, dependendo de onde foi colhida: chuva, lagoa, mar, fonte ou rio. A temperatura da água indica o teor de fogo do banho, ou seja, um banho frio tem uma função completamente diferente de um banho quente ou morno, o qual é utilizado, geralmente, em banhos tranquilizadores ou de cabeça, pois nesses casos é preciso diminuir a potência do fogo na pessoa.

A seiva de alfazema, além de potencializar e conservar as propriedades de princípios ativos, aromatiza o banho.

A única pemba utilizada em banhos é a branca, consagrada à Oxalá, e ela não deve ser utilizada em um banho de descarrego, pois trata-se de um elemento mineral com a função de fixar a energia nas pessoas. Só poderá ser raspada após o banho ter sido coado.

O mel ajuda a diminuir o impacto que algumas substâncias causam no campo eletromagnético, serve como catalisador e também ajuda na conservação energética. Deve-se utilizar, no máximo, uma colher de chá, colocada junto com as ervas. No caso de pessoas que têm quizila com mel, no caso de muitos filhos de Oxóssi, por exemplo, usa-se o melaço de cana.

Os óleos essenciais servem para equilibrar o odor de algumas ervas excessivamente aromáticas ou para trazer elementos de flores e plantas que são muito difíceis de serem encontradas, como sândalo ou jasmim.

Para harmonizar ambientes, é preciso equilibrar os elementos da natureza, ou seja, utilizar-se de velas para queimar e transmutar energias através do fogo, o bate-folha no elemento terra, borrifadores ou vaporizadores com água e defumadores ou incenso para o elemento ar.

No caso dos borrifadores, o processo é o mesmo do banho. Seguem algumas sugestões:

- Gerar paz: camomila e maçã
- Locais com visitas frequentes: arruda, pitanga e boldo
- Limpeza energética: guiné, arruda, louro, canela e boldo
- Tirar tristezas e melancolia: chá verde, losna, manjericão e marmelo

Fala-se muito pouco do uso de raízes. Como elas podem ser utilizadas?

As raízes concentram um forte poder energético e são muito utilizadas em magias de grande potência. A mandrágora, por exemplo, é muito utilizada para favorecer o ímpeto e a coragem nas pessoas. A casca do alho corta influências espirituais e vampiros energéticos e a cenoura tem capacidade altamente higienizadora que diminui larvas astrais. Já o inhame fortifica e vitaliza os corpos energéticos.

E as flores, quais suas propriedades energéticas?

Além de serem utilizadas em banhos e decoração, as flores são elementos de grande força e poder quando utilizadas conjugadas às sementes e folhas em mandalas.

As pétalas de flores brancas e amarelas auxiliam a purificar energias e despertar a sensibilidade de quem toma determinado banho; já as pétalas de rosa vermelha ajudam a despertar a sexualidade e autoconfiança.

Frutas também podem ser utilizadas como fonte energética?

Quando se oferecem frutas às entidades ou Orixás, são destinados recursos energéticos para determinados trabalhos; podem ser condensadores energéticos que serão despachados.

As frutas possuem grande teor de água e também grande capacidade de gerar fluidos para recuperação de tecidos astrais. Suas cascas podem ser utilizadas tanto em banhos quanto nas defumações.

Como aproveitar as fases da lua para cultivar ervas?

Muitos povos antigos utilizavam o calendário lunar como referência de tempo. É notório que a lua interfere nas marés, tanto quanto nos fluidos corporais, por conta da força gravitacional. A lua para os astrólogos evoca instabilidade, memórias e também inícios e finais de ciclos.

Durante a lua nova o fluido vital encontra-se com mais intensidade nas folhas, frutos e flores, portanto é a melhor fase para colheita dos vegetais. Durante a lua crescente o fluido se encontra com maior intensidade no caule. Não é aconselhado realizar a colheita na lua nova e minguante.

Existe banho para todas as coisas? Quais são alguns exemplos?

Sim, existe uma infinita composição de banhos que podem estimular estados de consciência e também colaborar nos diversos processos terapêuticos pelos quais uma pessoa passa. É importante, sempre que possível, conhecer a fundo a situação energética do indivíduo, razão pela qual só as entidades espirituais e médiuns muito experientes podem receitar. Gestantes, por exemplo, nunca podem tomar banho de descarrego ou alecrim. Já os menores de 14 anos devem usar com muita parcimônia os banhos de ervas, e essas deverão conter princípios muitos suaves, como a camomila e pétalas de rosas brancas.

Alguns exemplos de plantas para banhos:

- Prosperidade: pitanga, cravo, girassol, café, louro, rosa amarela;
- Desenvolvimento da espiritualidade: boldo, jasmim, malva-branca, manjericão, alecrim;

- **Paciência:** cidreira, melissa, camomila, colônia;
- **Proteção:** comigo-ninguém-pode, hortelã, carobinha;
- **Abrir caminhos:** losna, espada-de-ogum, feijão, gengibre, manjericão;
- **Harmonizar relacionamentos:** romã, verbena, boldo, calêndula, tomilho.

CAPÍTULO 8

COMIDA DE SANTO: OFERENDAS E RITUAIS PARA OS ORIXÁS E GUIAS ESPIRITUAIS

Neste capítulo, exploraremos os rituais e oferendas que celebram os Orixás, entidades espirituais e guias espirituais na Umbanda que cultuamos. Cada receita e oferenda oferece uma visão mais profunda dessas tradições e de como elas conectam a espiritualidade com a vida cotidiana.

É crucial praticar essas tradições com respeito e humildade, reconhecendo a importância da devoção e da busca por orientação espiritual. À medida que continuamos nossa jornada espiritual, que possamos valorizar a diversidade religiosa e compartilhar o amor, sabedoria e compaixão que essas tradições nos ensinam, sempre buscando a luz e a verdade que nos aproximam do divino.

Lembre-se que a Umbanda está estruturada em uma lei da ética cósmica que afirma que você nunca deve fazer ao outro o que não gostaria que fizessem para você.

ratio
Orixá Exu

É a força que dá início à vida e a um novo ciclo, por isso é o primeiro Orixá a ser cultuado em qualquer tradição africana. Representa a libido, o fogo.

Padê de Dendê

Ingredientes:

- Farinha de mandioca
- 7 pimentas dedo de moça
- Óleo de Dendê

Modo de Preparo:

1. Colocar em um recipiente a quantidade de farinha referente ao tamanho do Alguidar.
2. Acrescentar aos poucos o óleo de dendê até que a coloração da farinha de mandioca fique alaranjada.
3. Misturar com as mãos enquanto canta pontos de Exu.
4. Colocar a farinha no alguidar e por fim, posicionar as pimentas de forma circular e harmônica.

Tempo: 5 min | **Porção:** 1 | **Nível:** Fácil

Padê de Marafa

Ingredientes:

- Farinha de mandioca
- Cachaça (Marafa)

Modo de Preparo:

1. Colocar em um recipiente a quantidade de farinha referente ao tamanho do Alguidar.
2. Acrescentar aos poucos a cachaça.
3. Misturar com as mãos enquanto canta pontos de Exu
4. Colocar a farinha no alguidar.

Tempo: 5 min | **Porção:** 1 | **Nível:** Fácil

Padê de Mel

Ingredientes:

- Farinha de mandioca
- Mel

Modo de Preparo:

1. Colocar em um recipiente a quantidade de farinha referente ao tamanho do Alguidar.
2. Acrescentar aos poucos o mel.
3. Misturar com as mãos enquanto canta pontos de Exu.
4. Colocar a farinha no alguidar.

Tempo: 5 min | **Porção:** 1 | **Nível:** Fácil

Padê de Água

Seguir o mesmo procedimento do Padê de Marafa e de Mel. Trocar apenas a mistura por água. Deixar homogêneo e não por muita água.

Pombogira

Ebó de Abacaxi

Ingredientes:

- 1 abacaxi

Modo de Preparo:

1. Cortar o abacaxi em 7 rodelas, deixá-lo sem casca e sem "espinhos".
2. Posicioná-los no alguidar.
3. Dependendo da situação, regar com champagne.

Tempo: 5 min | **Porção:** 1 | **Nível:** Fácil

Orixá Ogum

É o arquétipo do guerreiro, senhor da tecnologia, dos caminhos, do ferro e do domínio do homem sobre a natureza. Sempre é cultuado imediatamente após Exu, pois é ele que dá o caminho para o fogo alcançar seus objetivos. É o fogo transformando a matéria. Representa a corrente sanguínea e os músculos. Vela Azul Escuro. Cerveja clara.

Feijão Preto

Ingredientes:

- 500g de feijão preto
- 1 cebola roxa inteira grande ou 3 cebolas roxas médias
- Óleo de Dendê
- Camarão seco (opcional)

Modo de Preparo:

1. Cozinhar o feijão, sem que fique muito mole. Reserve.
2. Cortar as cebolas em rodelas.
3. Em uma frigideira, refogar a cebola roxa no óleo de dendê até que comecem a ficar "transparentes".
4. Após tudo pronto, misturar as cebolas refogadas ao feijão.
5. Servir em um alguidar de barro grande.

Tempo: 30 min | **Porção:** 1 | **Nível:** Médio

Inhame

Ingredientes:

- 1 inhame
- Mel ou Dendê

Modo de Preparo:

1. Cozinhar o inhame. Deixá-lo esfriar, colocar no alguidar.
2. No momento da entrega, partir o inhame ao meio, no comprimento e regar com mel ou dendê.

Tempo: 15 min (cozimento) | **Porção:** 1 | **Nível:** Fácil

Orixá Oxóssi

Oxóssi é o arquétipo do caçador e senhor da fartura. Ele governa as florestas e a relação entre os reinos vegetal e animal. Oxóssi também representa o controle sobre os instintos primários e a transformação do fogo em alimento para os seres humanos.

Moranga

Ingredientes:

- 1 abóbora-moranga
- 1 lata de milho verde
- 1 coco
- 7 doces (para Odé Obará)

Modo de Preparo:

1. Cozinhe a moranga em uma panela com água (sem sal). Quando estiver cozida, corte uma tampa na parte superior da moranga e reserve-a. Remova todas as sementes do interior da moranga.
2. Recheie a moranga com o milho verde.
3. Queime o coco, abra-o e rale a carne do coco. Preencha o interior da moranga com o coco ralado.
4. Para Odé Obará, coloque os doces no interior da moranga antes de fechá-la com a tampa.

Tempo: 25 minutos | **Porção:** 1 | **Nível:** Médio

Frutas

Ingredientes:

- Maçã
- Banana
- Ameixa
- Laranja
- Outras frutas de sua preferência

Modo de Preparo:

1. Posicione as frutas de forma harmônica em um alguidar para a entrega.

Orixá Ossãe

É o senhor das folhas que curam, e é evocado sempre que se prepara banhos, poções com ervas. Representa também os mistérios e os encantamentos. Daí a expressão "cair no canto de Ossãe", quando um indivíduo, encantado, ignora a razão e faz escolhas por conta de uma influência mágica, sobrenatural.

Vela Verde e Branca
Sistema Capilar
Mel e Cachaça

Marafa com Mel

Ingredientes:

- Mel
- Cachaça

Modo de Preparo:

1. Em um copo de bambu, misture cachaça e mel.

Abacate

Ingredientes:

- 1 abacate maduro

Modo de Preparo:

1. Corte o abacate ao meio e coloque-o em um alguidar com a casca para baixo.

Tempo: 1 min | **Porção:** 1 | **Nível:** Fácil

Orixá Obaluaiê/Omolu

Obaluaiê/Omolu é o arquétipo do velho curandeiro e senhor das doenças e curas. Ele exerce domínio sobre o reino dos mortos e representa as grandes transformações e recompensas advindas do esforço, dedicação e disciplina.

Pipoca

Ingredientes:

- Milho de pipoca
- Areia de praia

Modo de Preparo:

1. Em uma panela, coloque a areia de praia e aqueça um pouco. Adicione o milho de pipoca.
2. Enquanto estoura, cante para Omulu. Mexa a panela constantemente para evitar queimar.
3. Após as pipocas estourarem, peneire-as em uma urupemba (peneira grande). Com as mãos, coloque as pipocas em um alguidar.
4. Para um toque especial, adicione coco ralado por cima das pipocas, conhecido como "deburu".

Tempo: 10 minutos | **Porção:** 1 | **Nível:** Médio

Feijão Preto

Ingredientes:

- 500g de feijão preto
- 1 cebola roxa grande ou 3 cebolas roxas médias
- Óleo de dendê
- Camarão seco

Modo de Preparo:

1. Cozinhe o feijão, certificando-se de que ele não fique muito mole. Reserve.
2. Corte as cebolas em rodelas e, em uma frigideira, refogue a cebola roxa e o camarão seco no óleo de dendê até que fiquem "transparentes".
3. Misture as cebolas refogadas ao feijão. Sirva em um alguidar de barro grande.

Tempo: 50 minutos | **Porção:** 1 | **Nível:** Médio

Orixá Oxumaré

Oxumaré, Senhor das dualidades, é aquele que conecta o céu à terra através do arco-íris e integra o interior com o exterior. Também é simbolizado pelo oroboro, a serpente que devora sua própria cauda, mostrando a ausência de um fim absoluto e a permeabilidade dos limites. Ele é a força que mantém a união energética e a harmonia nos corpos, abrigando em si os princípios masculino e feminino.

Ofertar Vela Branca ou Colorida em honra a Oxumaré, que rege o Sistema Locomotor e a Pele.

Serpente de Oxumaré

Ingredientes:

- Batata doce
- Feijão

Modo de Preparo:

1. Cozinhe as batatas até ficarem macias e maleáveis.
2. Com as batatas cozidas e frias, amasse-as e molde-as em forma de uma cobra, podendo ser uma cobra "comendo" a própria cauda ou duas se encaixando. Coloque 2 feijões nos olhos.
3. Sob a cobra, você pode adicionar folhas de mostarda, fitas coloridas ou outros elementos decorativos.

Nível: Médio | **Tempo:** 20 minutos

Serpente de Oxumaré II

Ingredientes:

- 6 ovos
- Taioba
- 100g de camarão seco sem casca
- 0,5 kg de feijão preto
- Água

Modo de Preparo:

1. Cozinhe o feijão e depois o moa junto com o camarão sem casca e cebola picada.

2. Monte uma cobra com a massa do feijão cozido e coloque dois olhos feitos de feijão fradinho.
3. Decore com folhas de taioba e ovos cozidos.

Nível: Médio | **Tempo:** 40 minutos

Orixá Nanã

Nanã é o arquétipo da anciã que é uma feiticeira que não se submete ao poder masculino. Ela é a Senhora da morte e do renascimento, dominando as emoções e representando a sabedoria feminina que triunfa sobre o poder masculino. Ela é a mestra do encontro das emoções com a realidade.

Ofertar Vela Roxa para Nanã, que governa o Sistema Hormonal.

Melão

Ingredientes:

- 1 Melão

Modo de Preparo:

1. Coloque o melão em um alguidar e abra quando estiver pronto para ofertar.

Efó

Ingredientes:

- Folha de taioba
- Camarão limpo
- Cebola picada
- Azeite de dendê

Modo de Preparo:

1. Em um recipiente, corte a folha de taioba com as mãos e amasse-a.
2. Em uma panela, refogue a cebola no azeite de dendê e adicione a taioba, refogando um pouco mais. Por fim, adicione o camarão.
3. Sirva em um alguidar de barro.

Feijão Fradinho

Ingredientes:

- 1 kg de feijão fradinho • Cebola
- 300g de camarão

Modo de Preparo:

1. Escolha, descasque e lave bem o feijão.
2. Limpe os camarões e corte a cebola.
3. Cozinhe o feijão com a cebola e acrescente o camarão no final, para não desfazer.
4. Sirva em um alguidar.

Nível: Médio | **Tempo:** 30 minutos

Orixá Ewá

É o arquétipo da virgem que vence a própria morte, pois em muitas culturas entende-se que a maneira de se manter imortal é gerar filhos que carreguem a carga genética, porém sabe-se que diversas pessoas deixaram seu legado através de suas obras ou feitos. Senhora dos mistérios que se manifestam nas neblinas e separam os vivos dos mortos. É quem comanda o processo de decantação.

Vela Branca e Vermelha

Visão

Âncora

Ingredientes:

- 1 kg de batata doce   • Mel

Modo de Preparo:

1. Cozinhe as batatas até ficarem macias e maleáveis.
2. Após esfriar, amasse as batatas e molde-as em formato de âncora.
3. Sirva em um alguidar e regue com mel na hora de servir.

Nível: Médio | **Tempo:** 40 minutos

Orixá Oxum

O arquétipo do amor e da beleza. Reina sobre as águas doces. Senhora do ouro. Responsável pelos sentimentos mais puros, pela sensualidade e pela estética. Comanda também a vidência. Há muitas qualidades de Oxum, algumas inclusive, podem ser confundidas com outros Orixás, o que exige, por parte do dirigente de uma casa, conhecimento e muitos fundamentos para não se deixar levar por uma primeira impressão. Entre suas qualidades podemos mencionar Apará, Omnibu, Karê, Pamiladê, Igemum.

Vela Amarela
Sistema Linfático
Mel

Ipetê

Ingredientes:

- 500g de mandioca
- 200g de camarão seco (limpo)
- Pimenta do reino
- Dendê
- 3 ovos cozidos

Modo de Preparo:

1. Cozinhe a mandioca até virar um purê uniforme.
2. Em uma panela, refogue o camarão limpo no azeite de dendê, depois adicione a mandioca e mexa até obter uma consistência uniforme.
3. Coloque a mistura em um alguidar, faça uma "caminha" com os ovos cozidos e coloque-os de forma harmônica.

Nível: Médio | **Tempo:** 40 minutos

Omolucum

Ingredientes:

- 1 kg de feijão fradinho
- 300g de camarão seco moído
- 300g de camarão inteiro
- Azeite de oliva ou dendê
- 8 ovos caipira cozidos
- 2 cebolas grandes raladas
- Gengibre
- Cheiro verde (tipo cebolinha e coentro)
- Sal a gosto

Modo de Preparo:

1. Cozinhe o feijão fradinho sem desmanchá-lo.
2. Em uma panela, refogue as cebolas, o camarão seco moído, o gengibre e, por último, adicione o feijão e o sal.
3. Coloque o refogado em uma travessa redonda, decore com os ovos cozidos inteiros e os camarões secos inteiros.

Nível: Difícil | **Tempo:** 40 minutos

Ovos com Mel

Ingredientes:

- Ovos inteiros
- Mel

Modo de Preparo:

1. Cozinhe os ovos, retire a casca e coloque-os em um recipiente (prato amarelo). Regue com mel ao servir.

Nível: Fácil | **Tempo:** 15 minutos

Receita da Moqueca

Ingredientes:

- Filé de peixe de Rio
- Azeite
- Camarão seco limpo
- Leite de coco

Modo de Preparo:

1. Sele o peixe no azeite. Com o camarão e o leite de coco, faça um molho.
2. Sirva a moqueca em um alguidar.

Nível: Fácil | **Tempo:** 45 minutos

Orixá Logun Edé

O jovem príncipe. Carrega as habilidades de caça e a perspicácia de seu pai Oxóssi, bem como a vaidade e os encantos de sua mãe Oxum. As lendas dizem que Logun Edé fica metade de um ano com sua mãe e a outra metade com seu pai. Quanto às cores utilizadas, segue-se o padrão do Candomblé: azul claro que representa a força de Oxossi com dourado, lembrando a presença de Oxum.

Vela Branca e Azul
Problemas da Puberdade

Frango com Milho

Ingredientes:

- Frango
- Espigas de milho verde
- Azeite
- Pitada de sal

Modo de Preparo:

1. Refogue o frango em cubos com azeite e sal. Cozinhe por alguns minutos.
2. Adicione o milho verde ao frango e deixe na panela por alguns instantes.
3. Sirva em um alguidar.

Orixá Obá

Senhora do fogo, graças a maturidade das emoções aprende a fazer concessões em nome do amor. Se Exu comanda o fogo libertador e Xangô o fogo construtor, Obá é o fogo regenerador. Obá está sempre ligada a capacidade de colocar seus próprios interesses em segundo plano.

Sistema Renal e Compaixão

Vela Laranja

Fritada

Ingredientes:

- Cheiro verde
- Pimenta do reino em pó
- 8 ovos
- Óleo de dendê

Modo de Preparo:

1. Em uma frigideira, faça um refogado com cheiro verde e azeite de dendê.
2. Quebre os ovos sobre o refogado e cubra com o dendê fervente.
3. Quando os ovos estiverem firmes, coloque-os em um recipiente e deixe esfriar antes de oferecer a Obá.

Nível: Médio | **Tempo:** 10 minutos

Orixá Iemanjá

A grande mãe, uma habilidade ímpar em se preocupar e cuidar dos outros, acolhe a todos sem distinção. Daí sua grande popularidade no país. Representa a fertilidade e também a capacidade criativa que todos possuímos. Junto com Oxalá, nas tradições africanas, cuida da cabeça dos humanos. Muito popular no Brasil, reina sobre as águas salgadas: do mar à lágrima.

Sistema Reprodutor

Vela Azul Clara

Leite

Manjar de Coco

Ingredientes:

- 1 litro de leite
- 1 vidro pequeno de leite de coco
- 100 g de coco ralado seco sem açúcar
- 6 colheres (sopa) de amido de milho

Modo de Preparo:

1. Em uma panela, misture o leite, o açúcar, o leite de coco e o coco ralado.
2. Leve ao fogo e adicione o amido de milho dissolvido em um copo de leite.
3. Mexa constantemente até engrossar, depois aguarde mais um minuto.
4. Despeje a mistura em uma forma previamente molhada, para evitar que grude.
5. Deixe esfriar e leve à geladeira por 2 horas.
6. Sirva em louças brancas.

Nível: Médio | **Tempo:** 20 minutos

Arroz de Iemanjá

Ingredientes:
- 1 xícara de arroz
- 1 xícara de leite de coco

Modo de Preparo:
1. Cozinhe o arroz na água com sal.
2. Após o arroz estar pronto, adicione o leite de coco.
3. Sirva em um recipiente branco.

Favas

Ingredientes:
- 500g de Favas Brancas (feijão branco tipo fava)
- Mel

Modo de Preparo:
1. Deixe as favas de molho para amolecerem.
2. Coloque-as em uma panela de pressão e cozinhe por cerca de 30 minutos (o tempo pode variar dependendo da quantidade e do tempo de molho).
3. Sirva as favas frias em um recipiente branco.
4. Ao oferecer, regue com mel.

Nível: Médio | **Tempo:** 45 minutos

Orixá Tempo/Iroko

Tempo e Iroko são Orixás distintos, mas que falam de cronologia e ancestralidade. Kitembo tem origem Bantu, ou seja, dos povos de Angola. Representa o tempo cronológico e todo o conceito de ancestralidade. Na tradição Ketu cultua-se Iroko, muito ligado a ancestralidade.

Vela Branca

Acaçá

Ingredientes:

- Farinha de acaçá
- 1 coco seco
- 1 garrafa de leite de coco
- Açúcar

Modo de Preparo:

1. Queime e abra o coco. Retire-o da casca e bata no liquidificador com o leite de coco e água. Coe e esprema o coco batido.
2. Em uma panela, misture a farinha de acaçá, água e o leite de coco. Mexa até obter uma mistura homogênea, semelhante a um mingau grosso.
3. Se for servido embrulhado em folhas de bananeira, corte as folhas em quadrados e aqueça-as no fogo para amolecer. Depois de frio, coloque 2 colheres de sopa da mistura em cada folha e embrulhe em forma piramidal.
4. Pode ser entregue enrolado na folha de bananeira ou em um alguidar de barro.
5. O acaçá pode ser servido para todos os Orixás.

Nível: Difícil | **Tempo:** 35 minutos

Orixá Iansã

Senhora dos ventos, das tempestades e da comunicação. Representa a mulher impetuosa que sem abdicar da feminilidade e da sensualidade, guerreia de igual para igual com os mais temidos guerreiros do sexo masculino. Comanda os ventos e, portanto, todo o processo de expansão e comunicação. Também é a senhora que domina os espíritos dos mortos, é ela que promove o encontro entre os diferentes reinos situados distantes uns dos outros e é quem espalha a fertilidade nos campos.

Sistema Respiratório
Vela Vermelha

Acarajé

Ingredientes:

- 1 kg de farinha de acarajé
- Óleo de dendê
- Água

Modo de Preparo:

1. Coloque a farinha e adicione água aos poucos para formar uma massa que lembre um "bolo".
2. Faça 21 bolinhos redondos com a massa.
3. Encha uma panela com óleo de dendê e aqueça-o.
4. Frite os bolinhos até que fiquem bem vermelhos.
5. Sirva o acarajé.

Nível: Médio | **Tempo:** 25 minutos

Espigas de Milho

Ingredientes:

- 8 espigas de milho
- Mel (pode ser regado com dendê, dependendo da necessidade)

Modo de Preparo:

1. Cozinhe as espigas de milho.
2. Posicione-as em um alguidar.
3. Ao servir, regue com mel.

Nível: Fácil | **Tempo:** 10 minutos

Orixá Xangô

Senhor do fogo, dos trovões, das pedras, da lei e da justiça. Xangô é a materialização dos sonhos, a cristalização dos ideais e projetos na Terra, a transformação do abstrato em concreto. Comanda as leis, pois são elas que estruturam qualquer comunidade humana. Também representa a vida no plano material e o prazer que ela proporciona.

Sistema Ósseo e auditivo

Vela Marrom

Cerveja Escura

Amalá

Ingredientes:

- 1 kg de quiabo
- 2 cebolas grandes
- Alho
- 100 g de camarão seco
- Óleo de dendê

Modo de Preparo:

1. Pique o quiabo e reserve as pontas para decorar o amalá. Corte as cebolas e lave o quiabo.

2. Em uma panela, cubra o fundo com óleo de dendê e refogue as cebolas.

3. Adicione o quiabo até soltar bastante "baba" e crescer (se necessário, adicione um pouco de água para cozinhar).

4. Pode ser feito um pirão com farinha de mandioca ou fubá e dendê. Coloque-o no fundo da gamela antes de adicionar o quiabo.

Nível: Difícil | **Tempo:** 40 minutos

Orixá Oxalá

Existem duas qualidades de Oxalá. Uma delas é Oxalufã, que se apresenta como um ancião paciente, sábio, lento e implicante. Ele é reverenciado como o pai dos Orixás, embora saibamos que a origem de todas as forças da natureza é Deus. Oxalá nada mais é do que uma força que indica a luz e a consciência espiritual adquirida ao longo dos tempos, na sábia tranquilidade das experiências vividas.

Ofertar Vela Branca a Oxalá, que governa o Sistema Mental e Espiritual, e oferecer leite como parte de suas homenagens.

Canjica

Ingredientes:

- 100 g de milho de canjica
- 1 xícara de leite

Modo de Preparo:

1. Lave e deixe a canjica de molho.
2. Cozinhe a canjica até ficar no ponto e secar um pouco.
3. Adicione o leite e deixe apurar um pouco mais.
4. Coloque em um recipiente branco e regue com azeite de oliva.

Nível: Médio | **Tempo:** 60 minutos

Inhame Pilado

Ingredientes:

- Inhame
- Mel

Modo de Preparo:

1. Cozinhe o inhame e depois amasse-o como um purê em um pilão.
2. Regue com mel enquanto pilão.
3. Faça bolinhos com as mãos e coloque em pratos brancos ou despeje em um alguidar branco.

Nível: Fácil | **Tempo:** 15 minutos

GUIAS / ENTIDADES

Os mentores espirituais são espíritos desencarnados obviamente mais sábios, inteligentes e lúcidos que os médiuns que protegem. A função dessas entidades é a mesma de um educador ou médico, ou seja, orientar os melhores caminhos a seguir, as melhores opções e eventualmente trabalhos que possam ajudar a transformar a vida daqueles que passam em consulta. Mas o resultado depende essencialmente da mudança de atitude e padrão vibratório de quem procurou as entidades.

Caboclos

Os caboclos representam a ligação com a terra, demonstram coragem, confiança, astúcia e vigor. Todos os caboclos, independentemente do Orixá que carregam, atuam na vibração de Oxóssi.

Ebó

Ingredientes:

- Mandioca
- Alface
- Azeite

Modo de Preparo:

1. Cozinhe a mandioca.
2. Após esfriar, coloque-a em um alguidar junto com o alface.
3. Ao servir, regue com azeite.
4. Sirva também cerveja branca na cúia.

Nível: Fácil | **Tempo:** 15 minutos

Preto Velho

Representam a sabedoria, o amor, a paz e o acolhimento dos anciãos, assim como humildade e simplicidade de muitos dos ex-escravos do Brasil colonial. Apresentando-se dessa forma, expressam a real grandeza de manter suas raízes culturais e serem capazes de acolher a cultura que lhes foi imposta, quebrando a barreira e o preconceito entre as religiões. As principais virtudes pregadas e exemplificadas pelos espíritos que trabalham nessa linha são a humildade, a simplicidade, a paciência, a compreensão, a ternura e o perdão.

Rapadura

Ingredientes:
- Rapadura
- Melaço

Modo de Preparo:
1. Pegue pedaços de rapadura e coloque-os harmonicamente em um alguidar.
2. Regue com melaço ao servir.

Nível: Fácil | **Tempo:** 5 minutos

Ciganos

Seus rituais, cheios de sabedoria milenar, são festivos e encantam os presentes. Neles incorporam ciganos espanhóis, portugueses, do leste europeu, do norte da África e da Índia. Essas entidades em Terra fazem uso dos utensílios que os clãs ciganos utilizam quando encarnados, como cartas, pandeiros, cristais e incensos.

Tchai Indiano

Ingredientes:
- Chá preto
- Maçã
- Canela em pau
- Cravo

Modo de Preparo:
1. Coloque as especiarias com água em uma panela e deixe ferver por 10 minutos.
2. Desligue o fogo e adicione o chá preto. Deixe amornar por 10 minutos.
3. Coloque em uma jarra.

Nível: Fácil | **Tempo:** 20 minutos

CAPÍTULO 9

UMA PAUSA ATÉ O PRÓXIMO LIVRO E O CONCEITO DE INFINITO

Infinito é uma palavra muito utilizada sem considerar o seu real significado. Muitas vezes é empregada para expressar exagero. Se observarmos, no entanto, a etimologia da palavra infinito, significa algo que não tem fim. Para finalizar esta obra, podemos dizer com toda convicção que a espiritualidade é um campo de saberes e experiências sem limites, sem começo, nem fim.

Haverá no mundo, enquanto houver humanidade, tantas espiritualidades quanto houver pessoas. Mesmo fiéis de uma mesma religião podem expressar sua fé e suas práticas espirituais com mínimas, mas ainda assim reais diferenças.

Nosso objetivo com este livro foi trazer, mais do que respostas definitivas, o estímulo para reflexões necessárias no caminho que trilhamos em busca da luz e do equilíbrio. A Astrologia explica que estamos saindo de uma era de Peixes, em que o misticismo e a religião por pouco mais de 2 mil anos conduziram, direta ou indiretamente, as leis, os costumes e até a vida econômica de mulheres e homens. Vamos entrar na era de Aquário, com forte presença de coletividade, tecnologia e independência.

Neste novo momento, em que muros são inconcebíveis e que a liberdade é o bem maior, sem se esquecer, contudo, da responsabilidade que ela gera, não há mais lugar para dogmas e sim para fundamentos e princípios inteligíveis, debatidos e aceitos, jamais impostos.

O livro *Guia para quem tem guias – desmistificando a Umbanda* é o primeiro volume de uma série que busca descortinar

| 141 |

a mediunidade, desmistificar a magia e libertar as pessoas de medos e culpas solidamente plantados por crendices, superstições e mistificações.

Acreditamos, e acreditar não significa que é uma verdade absoluta, que religiões deixarão de existir em um futuro. Com isso, no entanto, não queremos dizer que o ser humano estará desconectado de forças maiores, dimensões paralelas e o universo energético. Práticas espiritualistas buscarão, mais do que na palavra, religar o indivíduo a sua própria essência e às verdades interiores dos outros. A natureza não será mais vista como uma serva dos caprichos humanos mas como o princípio maior de toda a humanidade. A ética será a lei maior e o respeito aos animais, plantas, fontes de água e ao próximo, o grande guia para quem tem guias.

GLOSSÁRIO

Acaçá: comida feita de milho branco ou farinha de arroz envolvida em folhas de bananeira e que pode ser servida para todos os Orixás.

Acara: comida de origem africana feita de feijão e azeite de dendê, oferecida para Xangô, Iansã e Obá.

Alaka: é um pano utilizado nas religiões de matriz africana como paramento religioso.

Amalá: comida feita de quiabo e azeite de dendê, oferecida para Xangô.

Arquétipos: conceito que surgiu na Psicologia e significa um modelo de personalidades ou de acontecimentos presentes em todas as culturas.

Axé: conhecido também como fluido vital. É o elemento que cristaliza formas no universo físico.

Babalorixá (ver também Iyalorixá): indivíduo do sexo masculino iniciado em religiões de matriz africana e que recebe os fundamentos e assentamentos necessários para dirigir uma casa espiritual, seus rituais e orientar a trajetória mediúnica de outras pessoas.

Babalaô: dentro da Umbanda é uma outra denominação dada a Pai de Santo. No Candomblé é um sacerdote iniciado no culto de Ifá, com fundamentos para os oráculos.

Bate-folhas: forma de sacudimento que se utiliza de folhas para limpeza energética.

Cambono: trabalhador de uma casa espiritual que auxilia a entidade incorporada em seu atendimento. Não importa o tempo de trabalho dentro da religião, tanto um neófito quanto um Babalorixá ou Iyalorixá podem ser cambonos de entidades.

Cavalo: linguagem utilizada na Umbanda para se referir aos médiuns.

Egum: todo e qualquer espírito desencarnado.

Elemental: espírito desencarnado com uma consciência primitiva. Atua nos reinos da natureza defendendo os campos energéticos de animais, plantas, rios e mares.

Eledá: a maior força protetora de um indivíduo. Encostos ou obsessões: energias ou espíritos encarnados e desencarnados que vampirizam outros indivíduos.

Família da palha: dentro do Candomblé reúne os Orixás de origem Jeji, entre eles Nanã, Omolu, Oxumarê, Ewa, Iroko e Ossãe.

Família do Dendê: reúne os Orixás de origem Nagô, guerreiros e nos enredos ligados a Xangô e Iansã.

Falanges: são grupos de espíritos desencarnados que trabalham dentro dos mesmos fundamentos sob a supervisão de um espírito que manipula com maestria determinadas forças da natureza.

Goécia: a palavra tem origem em um dos livros de magia de Salomão. É equivocadamente conhecida como magia negra, mas se trata de uma chave para acessar o subconsciente de um mago.

Ipetê: comida de origem africana que leva feijão-fradinho e azeite de dendê, oferecida para Oxum.

Iyalorixá (ver também Babalorixá): indivíduo do sexo feminino devidamente preparada que dirige trabalhos espirituais dentro de religiões de matriz africana.

Incorporação: manifestação energética, vibracional, emocional e psíquica em que um ente distinto se manifesta através de outro indivíduo. Academicamente conhecida como psicofonia.

Oferenda: materiais utilizados com fins ritualísticos. Podem ser alimentos, folhas, flores, pedras, velas, charutos, cigarros e bebidas que condensam e anulam energias, no intuito de equilibrar ou reequilibrar indivíduos emocional e espiritualmente.

Ofá: ferramenta de Oxóssi ou de Obá que lembra o arco e flecha.

Ojá: tipo de turbante utilizado nas religiões africanas em rituais.

Orixá Fun Fun: são Orixás frios, para os quais nunca se oferecem azeite de dendê, pimenta ou bebidas alcoólicas. Sua cor é o branco e seu maior representante é Oxalá.

Pé da entidade: estar no "pé da entidade" significa que um médium iniciante incorpora supervisionado por outro guia espiritual.

Pemba: um tipo de giz utilizado na Umbanda para fins magísticos.

Quiumbas: são energias deletérias que agem negativamente no campo eletromagnético de uma pessoa ou de um lugar.

Sacudimento: como o próprio nome diz, significa sacudir, movimentar e limpar. Trata-se de um ritual de libertação em que ligações e energias negativas são desconectadas de um indivíduo.

APÊNDICE

GUIA DE ERVAS POR ORIXÁS

A classificação por temperatura indica se a erva propõe ação (fogo), equilíbrio (terra ou ar) ou transcendência (ar).

Nunca receitamos ingestão. E essas ervas nunca dispensam nenhum tratamento médico. Elas têm a função de atuar no campo energético de uma pessoa ou ambiente.

Quanto à classificação quente, morna ou fria, trata-se de sua potência junto ao campo eletromagnético. Ervas quentes são muito potentes e não devem ser utilizadas sozinhas, mas acompanhadas de mornas ou frias. Em certas tradições representam também princípio da ação, enquanto as mornas indicam manutenção e as frias, transformação.

Exu

AMORA: Capta vibrações negativas

Classificação: Quente.

Modo de usar: Sacudimentos e ornamentação.

AROEIRA: Limpeza profunda e apressa cura de úlcera.

Classificação: Quente.

Modo de usar: Bate-folhas e assentamentos.

BARDANA: Fortalece o sistema imunológico, regenera, vitaliza, traz autoconfiança e perspicácia.

Classificação: Quente.

Modo de usar: Banho e assentamentos.

CARRAPICHO: Limpadora, contra síndrome do pânico, estresse, fadiga e abre caminhos.

Classificação: Quente.

Modo de usar: Banho, spray e assentamentos.

COMIGO-NINGUÉM-PODE: Proteção.

Classificação: Quente.

Modo de usar: Ornamentação.

CRAVO VERMELHO: Vitalizador e gera impulsividade.

Classificação: Quente.

Modo de usar: Banho, ornamentos e assentamentos.

ERVA-DE-PASSARINHO: Revela doenças e problemas escondidos, acelera a vibração energética do corpo e expele miasmas.

Classificação: Morna.

Modo de usar: Banho, spray e assentamentos.

GENGIBRE: Potencializador masculino, dá vitalidade, fogo e é cicatrizante.

Classificação: Morno.

Modo de usar: Banho, defumação e assentamentos.

HIBISCO: Fortalece o sistema imunológico, regenera, vitaliza, ajuda a ter pés no chão e noção de necessidade.

Classificação: Morno.

Modo de usar: Banho, ornamentação e assentamentos.

JABORANDI: Aceitação, autoperdão e ajuda a encontrar a missão pessoal.

Classificação: Morno.

Modo de usar: Banho, spray e assentamentos.

Laranja: Energiza, purifica, traz mais leveza à alma, limpa memórias negativas e combate sensação de abandono e solidão.
Classificação: Morna.
Modo de usar: Banho, bate-folhas e defumação.

Limão: Limpador, cura, desenrola situação difícil e encaminha espíritos obsessores.
Classificação: Morno.
Modo de usar: bate-folhas, defumação e assentamentos.

Pimenta: Vitaliza, reveladora.
Classificação: Quente.
Modo de usar: Ornamentação, defumação e assentamentos.

Rosa Vermelha: Desperta paixão, sensualidade.
Classificação: Quente.
Modo de usar: Banho, ornamentação e assentamentos.

Tiririca (Tubérculo): Dissolver e vitalizar.
Classificação: Quente.
Modo de usar: Banho, spray e assentamentos.

Ogum

Abre-Caminho: Vitaliza e revela.
Classificação: Morno.
Modo de usar: Banho e assentamentos.

Açoita-Cavalo: Entende a morte, trata astigmatismo, vitaliza e dá amor à vida.
Classificação: Quente.
Modo de usar: Banho e assentamentos.

ALHO-PORÓ: Gera virilidade e masculinidade, incentiva a prática de atividades físicas e rompimentos com pessoas negativas.

Classificação: Morno.

Modo de usar: Banho, spray e assentamentos.

ARNICA: Desobstrui canais energéticos, estimula a circulação, dá vitalidade e purifica filhos de Ogum.

Classificação: Quente.

Modo de usar: Banho, spray e assentamentos.

CABELUDA, BACUICA: Para *bori*, banhos de purificação para Ogum.

Classificação: Quente.

Modo de usar: Banho, spray e assentamentos.

CAFÉ: Equilibrador masculino, vitalizador e abre caminho e prosperidade.

Classificação: Morno.

Modo de usar: Banho, defumação e assentamentos.

CANO-DE-MACACO: Para assentar filhos de Ogum.

Classificação: Quente.

Modo de usar: Banho, spray e assentamentos.

CANJERANA, PAU-SANTO: Serve para afugentar eguns e anular negatividades.

Classificação: Quente.

Modo de usar: Banho e assentamentos.

CAROBINHA: Ativa a memória, estimula o pensamento e a ação e dá movimento.

Classificação: Quente.

Modo de usar: Banho, spray e assentamentos.

DRAGOEIRO: Banho de purificação.

Classificação: Morno.

Modo de usar: Banho, spray e assentamentos.

ERVA-MATE: Ajuda a ter fibra e coragem.
Classificação: Morna.
Modo de usar: Banho, spray e assentamentos.

ERVA-TOSTÃO: Descarrego, ajuda a cura do fígado e rins.
Classificação: Morna.
Modo de usar: Banho, spray e assentamentos.

ESPADA-DE-OGUM: Descarrego, proteção e fortalecimento.
Classificação: Quente.
Modo de usar: Banho, spray, bate-folhas, ornamentação e assentamentos.

FEIJÃO: Absorve energia e fluídos negativos transmutando para positivos.
Classificação: Morno.
Modo de usar: Banho, sacudimento e assentamentos.

GOIABEIRA: Atração masculina, favorece masculinidade e dá autoconfiança.
Classificação: Fria.
Modo de usar: Banho e assentamentos.

GRUMIXAMEIRA: Ajuda no reumatismo e banhos de purificação em filhos de Ogum.
Classificação: Morna.
Modo de usar: Banho, spray e assentamentos.

HELICÔNIA: Descarrego, contra reumatismo.
Classificação: Morna.
Modo de usar: Banho e assentamentos.

INHAME: Fortificante, vitaliza e potencializa.
Classificação: Morno.
Modo de usar: Banho, spray e assentamentos.

JABUTICABA: Vitaliza, aumenta a autoestima e ajuda a concluir projetos.

Classificação: Morno.

Modo de usar: Banho e assentamentos.

JAMBOLÃO: Traz disciplina e força de vontade.

Classificação: Morno.

Modo de usar: Banho, spray e assentamentos.

JAMBO-ENCARNADO: Usado no *Ariaxè*, limpeza para filhos de Ogum.

Classificação: Morno.

Modo de usar: Banho e assentamentos.

LEVANTE: Potencializa e vitaliza.

Classificação: Morno.

Modo de usar: Banho, bate-folhas e defumação.

LOSNA: Decisões rápidas, renovadoras, movimenta energias e dá força.

Classificação: Morna.

Modo de usar: Banho, bate-folhas, defumação e assentamentos.

MANDÁGORA: Dá impetuosidade.

Classificação: Morna.

Modo de usar: Banho, spray e assentamentos.

PAU-TENENTE: Atração masculina, favorece a masculinidade e dá autoconfiança.

Classificação: Frio.

Modo de usar: Banho e assentamentos.

POINCÉTIA: Ajuda a tirar dor nas pernas.

Classificação: Morna.

Modo de usar: Banhos.

QUEBRA-DEMANDA: Proteção e descarrego.

Classificação: Quente.

Modo de usar: Bate-folhas, ornamentação e spray.

SEMENTES DE GOIABA: Curam doenças infecciosas no sangue.

Classificação: Mornas.

Modo de usar: Banho, sacudimento e assentamentos.

TAYUYA: Elimina dores lombares, torções, relaxante e ajuda a reduzir pressão alta.

Classificação: Morno.

Modo de usar: Banho, spray e assentamentos.

VASSOURINHA-DE-IGREJA: Sacudimento de local profissional.

Classificação: Morna.

Modo de usar: Bate-folhas e sacudimento.

Oxóssi

AÇAFRÃO: Favorece ética, dá senso de direção e gera pensamentos positivos.

Classificação: Quente.

Modo de usar: Banho e assentamentos.

CAPIM-CIDREIRA: Acalma, melhora a percepção, tira pesadelos e desordens do sono, elimina o nervosismo e estados obsessivos.

Classificação: Morno.

Modo de usar: Banho, spray e assentamentos.

CARQUEJA: Contra doenças no coração, trabalha solidão, egocentrismo e na imunidade energética.

Classificação: Quente.

Modo de usar: Banho, spray e assentamentos.

CIPÓ-CABOCLO: Dá foco, aterra e equilibra.

Classificação: Morno.

Modo de usar: Banho, patuá e assentamentos

HIPÉRICO: Combate sentimento de inferioridade.

Classificação: Morno.

Modo de usar: Banho, spray e assentamentos.

JUREMA-PRETA: Limpeza e purificação.

Classificação: Quente.

Modo de usar: Banho, defumação e assentamentos.

LOURO: Magnetiza, fortalece propósito e aterra.

Classificação: Morno.

Modo de usar: Banho, bate-folhas, defumação e assentamentos.

MAÇÃ: Gera paz no lar e harmoniza o emocional.

Classificação: Morna.

Modo de usar: Banho, spray e assentamentos.

MANDIOCA: Purificadora, esgotadora de energias negativas.

Classificação: Morna.

Modo de usar: Banho, spray e assentamentos.

MARACUJÁ: Gera motivação, entusiasmo e vencer obstáculo da vida.

Classificação: Morno.

Modo de usar: Banho, spray e assentamentos.

SAMAMBAIA: Curadora, protetora e energizadora.

Classificação: Morna.

Modo de usar: Banho, ornamentação e assentamentos.

SEMENTE DE CAJU: Descarrego espiritual para filhos de Oxóssi.

Classificação: Morna.

Modo de usar: Banho, sacudimento e assentamentos.

Semente de Maracujá: Cura doenças infecciosas no sistema capilar.

Classificação: Morna.

Modo de usar: Banho, sacudimento e assentamentos.

Sene: Ajuda a ser prático, vencer traumas e ter segurança.

Classificação: Morno.

Modo de usar: Banho, spray e assentamentos.

Uxi Amarelo: Traz a pessoa para seu eixo, aterra as pessoas, se harmoniza com a natureza.

Classificação: Morno.

Modo de usar: Banho, spray e assentamentos.

Ossãe

Abacate: A semente é utilizada para captar energias negativas, o resto serve para cura espiritual e física.

Classificação: Morno.

Modo de usar: Banho, spray e assentamentos.

Fumo: Limpeza, destruição e proteção.

Classificação: Quente.

Modo de usar: Banho, defumação e assentamentos.

Obaluaê

Alamanda: Curadora, problemas de pele.

Classificação: Morna.

Modo de usar: Banho, ornamentação e assentamentos.

Alho (Casca): Limpeza, desagregadora e dissolvição.

Classificação: Quente.

Modo de usar: Banho e defumação.

Babosa: Ativa campo energético, regenera a pele e transforma pensamentos (não pode usar durante gestação, amamentação e menstruação).

Classificação: Quente.

Modo de usar: Banho, spray e assentamentos.

Buchinha-do-Norte: Limpeza, absorção e transmutação.

Classificação: Quente.

Modo de usar: Defumação, spray e sacudimento.

Cebola (Casca): Limpeza, oráculo, desagregação e transmutação.

Classificação: Quente.

Modo de usar: Banho, defumação e assentamentos.

Cipó Mil-Homens: Estimula vitalidade no estômago, elimina pânico, sentimentalismo e dá certa frieza.

Classificação: Morno.

Modo de usar: Banho, spray e assentamentos.

Crisântemo: Transmuta energias e despacha energias negativas.

Classificação: Quente.

Modo de usar: Banho, ornamentação e assentamentos.

Erva-Doce: Transformação, elevação e equilíbrio.

Classificação: Morna.

Modo de usar: Banho, spray e assentamentos.

Estévia: Fornece vitalidade energética para diminuir vitiligo, dá limites na vida, privacidade, se colocando em seu lugar.

Classificação: Morna.

Modo de usar: Banho, spray e assentamentos.

Graviola: Ajuda na capacidade de digestão: física, emocional e de acontecimentos.

Classificação: Morna.

Modo de usar: Banho, spray e assentamentos.

GUINÉ: Limpeza, harmonização com coisas físicas e cura.

Classificação: Quente.

Modo de usar: Banho, defumação, ornamentação e assentamentos.

MAMONA: Absorção de energias doentes.

Classificação: Quente.

Modo de usar: Serve de base para assentamentos e deitadas.

PEREGUN: Limpeza, esgota energia, movimenta energia.

Classificação: Quente.

Modo de usar: Limpeza, bate-folhas e ornamentação.

Oxumarê

CANELA: Magnetiza, atrai, organiza, sensibiliza, cria proteção espiritual, combate ingratidão e birra.

Classificação: Morna.

Modo de usar: Banho, spray, defumação e assentamentos.

ERVA-DOCE: Acalma, ajuda na organização das prioridades.

Classificação: Morna.

Modo de usar: Banho, spray e assentamentos.

NOZ-MOSCADA: Magnetizador, ajuda a melhorar relação com assuntos financeiros.

Classificação: Quente.

Modo de usar: Banho e assentamentos.

TOMILHO: Ativa a glândula tireoide, organiza tudo, melhora a comunicação entre equipes, harmoniza objetivos.

Classificação: Morno.

Modo de usar: Banho, spray e assentamentos.

Nanã

AGAPANTO: Para banhos em Nanã e Obaluaê, assentamentos.
Classificação: Morno.
Modo de usar: Banho, ornamentação e assentamentos.

AMORA BRANCA: Reduz vertigens, tonturas, problemas hormonais na adolescência, TPM e menopausa.
Classificação: Fria.
Modo de usar: Banho, spray e assentamentos.

BUGRE: Ajuda no renascimento e crescimento espiritual, dá sabedoria, força e disciplina.
Classificação: Quente.
Modo de usar: Banho, spray e assentamentos.

AVENCA: Ajuda problemas respiratórios, fortalece relação com Nanã, acelera metabolismo, ativa imunidade, purifica pulmões e garganta.
Classificação: Fria.
Modo de usar: Banhos.

CAMOMILA: Tranquiliza, estabiliza, ajuda no perdão, tira mágoa e raiva.
Classificação: Morna.
Modo de usar: banho, defumação e assentamentos.

CEDRINHO: Obrigação de cabeça, banhos, purificador, tonificador de aura, cura hérnias.
Classificação: Morno.
Modo de usar: Banho e assentamentos.

COENTRO: Elevação espiritual, combate excesso de vaidade, traz compaixão, reduz hipersexualidade, gera gentileza.
Classificação: Quente.
Modo de usar: Banho, spray e assentamentos.

CONFREI: Favorece a criatividade, relação com idosos, hierarquia e paciência.

Classificação: Frio.

Modo de usar: Banho, spray e assentamentos.

MACELA: Equilibra e acalma (crianças).

Classificação: Morna.

Modo de usar: Banho, defumação e assentamentos.

MALVARISCO: Banhos de descarrego para filhas de Nanã e Oxum.

Classificação: Morno.

Modo de usar: Banho, spray e assentamentos.

MANACÁ: Banhos de descarrego; quando misturada com girassol e mil-homens ajuda a aumentar a autoconfiança.

Classificação: Quente.

Modo de usar: Banho.

PARIPAROBA: Acalma instintos, elimina machismo, mesquinharia, ajuda a ter conduta íntegra.

Classificação: Morna.

Modo de usar: Banho, spray e assentamentos.

PORANGABA: Ajuda a ter tolerância e paciência, desapego do sexo e materialismo, encerrar ciclos, diminui infantilidade e futilidade.

Classificação: Morna.

Modo de usar: Banho, spray e assentamentos.

QUARESMA: Limpeza e purificação de Nanã, usado para problemas de bexiga.

Classificação: Morna.

Modo de usar: Banho, spray e assentamentos.

Salsaparrilha: Fortalece os bons costumes, bondade, ajuda a ser fiel, ser autoconfiante.

Classificação: Morna.

Modo de usar: Banho, spray e assentamentos.

Sálvia: Melhor relação com ancestrais (pais, avós), purificação, discernimento, racionalidade.

Classificação:

Modo de usar: Banho, defumação e assentamentos.

Taioba: Cicatrizante.

Classificação: Morna.

Modo de usar: Banho e assentamentos.

Ewa

Alcachofra: Trata mágoas do passado, ajuda a dar limites na vida, trabalha tensão emocional, efeitos da quimioterapia, vitalidade.

Classificação: Fria.

Modo de usar: Banhos e assentamentos.

Angélica: Ajuda no desprendimento materialista, desapegos, traz independência e liberdade.

Classificação: Fria.

Modo de usar: Banho, spray e assentamentos.

Erva-de-Santa-Luzia: Limpeza, descarrego, combate o alcoolismo, uso para problemas de visão e desenvolve vidência.

Gervão: Estimula pessoas frias, desanimadas, abre consciência para outras esferas.

Classificação: Morno.

Modo de usar: Banho, spray e assentamentos.

SABUGUEIRO: Compreensão do que se está fazendo de errado no relacionamento, ajuda na espontaneidade dos sentimentos, sociabilização.

Classificação: Morno.

Modo de usar: Banho, spray e assentamentos.

VALERIANA: Carência.

Classificação: Morna.

Modo de usar: Banho, spray e assentamentos.

Oxum

CALÊNDULA: Energiza, harmoniza, fortalece sentimento maternal, amor à vida, vínculos de carinho.

Classificação: Morna.

Modo de usar: Banho, ornamentação e assentamentos.

COLÔNIA: Acalma, fortalece intuição.

Classificação: Morna.

Modo de usar: Banho, ornamentação, spray e bate-folhas.

ERVA-BALEEIRA: Sensibiliza, desestabilizadora de materialismo, transformadora, desaconselhável para pessoas instáveis.

Classificação: Morna.

Modo de usar: Banho, spray e assentamentos.

GIRASSOL: Regenerador, estimula força de vontade.

Classificação: Morno.

Modo de usar: Banho, ornamentação e assentamentos.

JASMIM: Harmonização conjugal, purificador de pensamentos, combate vícios, desintoxica o organismo e repelente contra obsessões.

Classificação: Frio.

Modo de usar: Banhos e assentamentos.

Jurubeba: Ajuda a trabalhar amor na vida e superação de obstáculos.

Classificação: Morna.

Modo de usar: Banho, spray e assentamentos.

Melissa: Acalma, estabiliza, trabalha com perdas emocionais, traz consciência de infância.

Classificação: Morna.

Modo de usar: Banho, spray e assentamentos.

Pata-de-Vaca: Gera compreensão no relacionamento familiar, dissolve registros de problema com o pai.

Classificação: Morna.

Modo de usar: Banho, spray e assentamentos.

Patchouly: Atração feminina, favorece feminilidade, dá autoconfiança.

Classificação: Frio.

Modo de usar: Banho, assentamentos.

Rosa Amarela: Desperta consciência em lidar bem com as coisas da matéria.

Classificação: Morna.

Modo de usar: Banho, ornamentação e assentamentos.

Semente de Girassol: Descarrego espiritual para filhas de Oxum.

Classificação: Morna.

Modo de usar: Banho, sacudimento e assentamentos.

Logum Edé

Assa-Peixe: Motiva, traz ânimo, livra do machismo, culpas, mais sensibilidade.

Classificação: Quente.

Modo de usar: Banho, spray e assentamentos.

Cominho: Estimula expressão de sentimentos, libera bloqueios emocionais, socializa.

Classificação: Morno.

Modo de usar: Banho, spray e assentamentos.

Peregun Verde e Amarelo: Limpeza, movimentador de energia.

Classificação: Quente.

Modo de usar: Bate-folhas, limpeza, ornamentação.

Obá

Aipo: Corta vícios, rancores, falsidades, dá sentido à vida.

Classificação: Quente.

Modo de usar: Banhos e assentamentos.

Cáscara-Sagrada: Ajuda a sair de crise, enfrenta problemas, equilibra a fala, parar de se lamentar.

Classificação: Quente.

Modo de usar: Banho, spray e assentamentos.

Cenoura: Limpeza, consumidora de lavas astrais.

Classificação: Quente.

Modo de usar: Banho, spray e assentamentos.

Douradinha: Ajuda a filtrar sentimentos, elimina culpas, dá agilidade.

Classificação: Morna.

Modo de usar: Banho, spray e assentamentos.

Espinheira-Santa: Elimina vertigens, desintoxica energeticamente o sangue, traz sentimentos de amor e compaixão, filtra emoções, traz proteção energética contra resfriados.

Classificação: Morna.

Modo de usar: Banho, spray e assentamentos.

Poejo: Potencializa, vitaliza, magnetiza, evita desistências, proporciona imunidade energética dos rins, estimula o saber se desculpar.

Classificação: Morno.

Modo de usar: Banho, bate-folhas e defumação.

Quebra-Pedra: Simplifica relacionamentos, respeito ao defeito dos outros, trabalha com harmonização de relacionamentos conjugais e profissionais, ter foco nas metas, aprender a perdoar e filtrar emoções.

Classificação: Morna.

Modo de usar: Banho, spray e assentamentos.

É uma erva de Xangô também.

Iemanjá

Alcaçuz: Ajuda a memória, a ter bom entendimento da vida, percepção da realidade.

Classificação: Fria.

Modo de usar: Banho, assentamentos.

Alcaparreira: Diurético, banhos de limpeza, contra picadas de insetos e cobras.

Classificação: Fria.

Modo de usar: Banho, assentamentos.

Alfavaca: Reconstrutor, curador, descarrego.

Classificação: Morna.

Modo de usar: Banho, spray, bate-folhas e assentamentos.

Alfazema: Tranquilizar, equilibrar, harmonizar.

Classificação: Morna.

Modo de usar: Banho, spray, bate-folhas e assentamentos.

ALTEIA: Lavagem das pedras para Oxum, Nanã, Oxumarê, Iansã, Iemanjá, descarrego.

Classificação: Quente.

Modo de usar: Banho.

ARACÁ-DA-PRAIA: Banhos, inclusive na cabeça, filhos de Oxóssi e Iemanjá. Trata hemorragias e genitais.

Classificação: Morna.

Modo de usar: Banho e assentamentos.

ARATICUM, MALOLÔ: Descarrego; apenas ela no banho, trabalha com tumores e reumatismo.

Classificação: Morna.

Modo de usar: Banhos.

ARROZ: Cura doenças infecciosas nos órgãos reprodutores femininos.

Classificação: Morno.

Modo de usar: Banho, sacudimento e assentamentos.

ARTEMÍSIA: Sensibilizadora, melhora a autoestima, estimula a fertilidade, ciclo menstrual.

Classificação: Morna.

Modo de usar: Banho, spray e assentamentos.

CANA-DO-BREJO: Melhora intuição, inteligência, criatividade, mediunidade. Equilibrar. Indicado para afecções renais.

Classificação: Quente.

Modo de usar: Banho, spray e assentamentos.

ERVA-DE-BICHO: Limpeza, drenagem, ativa energeticamente células e ativa chacras, desobstrui acúmulos de energia negativa.

Classificação: Quente.

Modo de usar: Spray e assentamentos.

Fruta-da-Condessa: Descarrego e banho para filhos de Iemanjá, contra epilepsia.

Classificação: Morno.

Modo de usar: Banho, spray.

Ginkgo Biloba: Traz clareza aos pensamentos.

Classificação: Morno.

Modo de usar: Banho, spray e assentamentos.

Musgo Marinho: Banhos para filhos de Iemanjá, fortalecimento. Ajuda em problemas respiratórios.

Classificação: Morno.

Modo de usar: Banho.

Rosa Branca: Harmonização com a maternidade, equilibrar.

Classificação: Morna.

Modo de usar: Banho, spray, ornamento e assentamentos.

Ibeji

Chá Verde: Ajuda a cortar relações sem sofrer, contra a timidez, desbloqueia a criança interior, estimula o diálogo.

Classificação: Morna.

Modo de usar: Banho, spray e assentamentos.

Iroko

Graviola: Alinhar, renovar, curar, tira apatia, fortalece o mental.

Classificação: Morna.

Modo de usar: Banho, bate-folhas e assentamentos.

Iansã

ALFACE: Planta de egun – usada para descarrego e insônia.
Classificação: Morna.
Modo de usar: Banho e assentamentos.

AMOR-AGARRADINHO, MIMO-DE-VÊNUS: Purificação com filhos de Iansã, com mel ajuda a encontrar o equilíbrio de relação.
Classificação: Morna.
Modo de usar: Banho e assentamentos.

ARRUDA: Limpeza, desagregação, libera choro reprimido, elimina frustrações e insatisfações.
Classificação: Quente.
Modo de usar: Bate-folhas, benzimento e assentamento.

BAMBU: Proteção, descarrego.
Classificação: Quente.
Modo de usar: Defumação e ornamentação.

BETERRABA: Regeneradora do corpo energético, recompõe aura.
Classificação: Quente.
Modo de usar: Banho, spray e assentamentos.

BONINA: Para lavagem de contas na feitura.

CAMBARÁ: Cria imunidade na região da garganta, melhora a fala, voz e dicção.
Classificação: Morna.
Modo de usar: Banho, spray e assentamentos.

CRAVO-DA-ÍNDIA: Magnetiza, atração, organizador, estimula a concentração, materializa, aumenta o senso de observação.
Classificação: Morno.
Modo de usar: Banho, defumação, spray e assentamento.

ESPADA-DE-IANSÃ: Descarrego, proteção e fortalecimento.

Classificação: Quente.

Modo de usar: Banho, spray, bate-folhas, ornamentação e assentamento.

EUCALIPTO: Limpeza, desmagnetizador (-), equilibra funções renais, equilibra funções sexuais.

Classificação: Quente.

Modo de usar: Banho, spray, bate-folhas, ornamentação e assentamento.

FLOR-DE-SÃO-JOSÉ: Banho, inclusive na cabeça.

Classificação: Quente.

Modo de usar: Banho e bate-folhas.

GINSENG: Elimina culpa, timidez, fortalece renovação interior.

Classificação: Morno.

Modo de usar: Banho, spray e assentamento.

HORTELÃ: Corta obsessões, estimula, vitaliza, elimina fibromas, gera vitalidade energética em casos de câncer, descongestiona pensamentos.

Classificação: Morna.

Modo de usar: Banho, bate-folhas e assentamento.

JENIPAPO: Descarrego, limpeza.

Classificação: Morno.

Modo de usar: Banho e assentamentos.

MENSTRUZ: Amplia a respiração física, desbloqueia sentimentos, vitaliza pulmões.

Classificação: Morno.

Modo de usar: Banho, spray e assentamentos.

MIL EM RAMA: Ajuda a pessoa a se expressar, a ser objetiva.

Classificação: Morno.

Modo de usar: Banho, spray e assentamentos.

Morango: Trabalha carências afetivas, perdas, corta laços com pessoas já falecidas.
Classificação: Morno.
Modo de usar: Banho, spray e assentamentos.

Para-Raio: Descarrego, vitalizadora.
Classificação: Quente.
Modo de usar: Bate-folhas, assentamentos.

Pitangueira: Movimenta energia, dá direcionamento.
Classificação: Morna.
Modo de usar: Banho, spray, defumação, assentamentos.

Sete-Sangrias: Limpa a mente, tira a ansiedade, descongestiona pensamentos e seios nasais.
Classificação: Morna.
Modo de usar: Banho, spray e assentamento.

Xangô

Alfafa: Equilibra emoções, estimula ponderação, contra crise de identidade.
Classificação: Fria.
Modo de usar: Banho, spray e assentamentos.

Alumã: Para lavagem de cabeça.
Classificação: Morna.
Modo de usar: Banhos.

Barbatimão: Vitaliza, aumenta a autoestima, ajuda a concluir projetos.
Classificação: Quente.
Modo de usar: Banho e assentamentos.

Catinga-de-Mulata: Energiza, ajuda a ter pés no chão, traz consciência e sobriedade.

Classificação: Quente.

Modo de usar: Banho, spray e assentamentos.

Catuaba: Vitaliza, gera senso de justiça, ânimo para viver, ter foco, desejos sexuais (contraindicada para crianças e gestantes).

Classificação: Quente.

Modo de usar: Banho, spray e assentamentos.

Cavalinha: Limpa energeticamente o sangue, gera doçura, elimina ódio, raiva, ressentimentos, equilibra corpos sutis.

Classificação: Morna.

Modo de usar: Banho, spray e assentamentos.

Dormideira: Banhos de descarrego.

Classificação: Morna.

Modo de usar: Banhos.

Erva-de-São-João: Banho de descarrego dos filhos de Xangô, reumatismo.

Classificação: Morna.

Modo de usar: Banhos, spray e assentamentos.

Erva-Grossa: Bori e axé do orixá.

Classificação: Morna.

Modo de usar: Banhos, spray e assentamentos.

Eucalipto: Limpeza, desmagnetizador (-), equilibra funções renais, equilibra funções sexuais.

Classificação: Quente.

Modo de usar: Banhos, spray, bate-folhas, ornamentação e assentamentos.

Erva de Iansã também.

Juá: Desbloqueia energia do primeiro chacra, intestino preso.
Classificação: Morno.
Modo de usar: Banhos, spray e assentamentos.

Mangueira: Vitaliza, energiza, cura espiritual.
Classificação: Morna.
Modo de usar: Banho, spray e assentamentos.

Mulungu: Traz atitude, gera entusiasmo, gera vitalidade, estimula movimento, pacificador do sistema nervoso, contra bronquite.
Classificação: Morno.
Modo de usar: Banhos, spray e assentamentos.

Musgo-de-Pedreira: Aplicação em banhos de descarrego e nas defumações pessoais, feitas após banho. Aproxima energias boas.
Classificação: Morno.
Modo de usar: Banhos e defumação.

Nega-Mina: Obrigações, banho de descarrego pra filhos de Xangô, contra males do fígado e nevralgias.
Classificação: Morno.
Modo de usar: Banhos, defumação e assentamentos.

Orégano: Ajuda a estruturar moradia, casa, criar raízes, honrar compromissos.
Classificação: Morno.
Modo de usar: Banho, spray e assentamentos.

Pau-Pereira: Banhos de descarrego, limpeza, perturbações de estômago, não pode ser usado na cabeça. Afrodisíaco.
Classificação: Quente.
Modo de usar: Banhos e assentamentos.

PAU-DE-COLHER: Usado na composição de banhos para filhos de Xangô.

Classificação: Morno.

Modo de usar: Banhos.

PICÃO-PRETO: Limpeza, discernimento, gera humildade e simplicidade.

Classificação: Quente.

Modo de usar: Bate-folhas, spray.

QUEBRA-PEDRA: Simplifica relacionamentos, respeito aos defeitos dos outros, trabalha com harmonização de relacionamentos conjugais e profissionais, ter foco nas metas, aprender a perdoar e filtrar emoções.

Classificação: Morna.

Modo de usar: Banhos, spray e assentamentos.

Erva de Obá também.

ROMÃ: Atrai prosperidade e evita acidentes.

Classificação: Morna.

Modo de usar: Banho, spray e assentamentos.

SASSAFRÁS: Ajuda no fortalecimento dos ossos, em desequilíbrios hormonais, auxilia a fortalecer a união entre duas pessoas.

Classificação: Morno.

Modo de usar: Banho, spray e assentamentos.

TÍLIA: Combate tontura, vertigens, labirintite.

Classificação: Morna.

Modo de usar: Banho, spray e assentamentos.

UNHA-DE-GATO: Ajuda a se instalar e se estruturar na vida, vence as dificuldades, harmoniza-se com outros elementos da Natureza.

Classificação: Morna.

Modo de usar: Banho, spray e assentamentos.

Oxalá

ALECRIM: Equilibra, acalma, rejuvenesce, acessa registros de memória espiritual, estimula mudança.
Classificação: Morno.
Modo de usar: Banho, assentamentos, bate-folhas e spray.

ALGODÃO: Fortalece filhos de Oxalá, acalma e cura.
Classificação: Frio.
Modo de usar: Assentamentos.

ANIS-ESTRELADO: Tranquiliza, desenvolve mediunidade, reduz agressividade, intolerância e agressividade.
Classificação: Morno.
Modo de usar: Banho, assentamentos e defumação.

ARAÇÁ: Banhos de purificação, energético. Acaba com a cólica.
Classificação: Morno.
Modo de usar: Banho e assentamentos.

BARBA-DE-VELHO: Banho de limpeza e combate hemorroida.
Classificação: Fria.
Modo de usar: Banho.

BAUNILHA: Ajuda a reestabelecer o fluxo menstrual e combater esterilidade.
Classificação: Fria.
Modo de usar: Banho e assentamentos.

BENJOIM: Purificadora.
Classificação: Morno.
Modo de usar: Defumação.

BOLDO: Desobstrução do chacra coronário, favorece concentração para dispersos, equilibra excesso de ego e vitimismo.
Classificação: Morno.
Modo de usar: Banho e amacis.

CALISTEMO FÊNICO: Limpeza e ajuda a tratar problemas respiratórios.

Classificação: Morno.

Modo de usar: Banho, assentamentos e spray.

CAMÉLIA: Aumenta magnetismo amoroso.

Classificação: Fria.

Modo de usar: Banho, spray e ornamentação.

CARNAÚBA: Usada para alimentar a cabeça e o fortalecimento da aura.

Classificação: Morna.

Modo de usar: Banho e assentamentos.

CHAPÉU-DE-COURO: Pulmonar, hanseníase, câncer de intestino.

Classificação: Quente.

Modo de usar: Banho, spray e assentamentos.

CORDÃO-DE-FRADE: Ajuda a descobrir a missão na vida e libera a consciência espiritual.

Classificação: Frio.

Modo de usar: Banho, spray e assentamentos.

DENTE-DE-LEÃO: Gera gratidão e ajuda a simplificar as coisas.

Classificação: Frio.

Modo de usar: Banho, spray e assentamentos.

ENDRO: Elimina paranoia, protege energeticamente e transmuta frequências energéticas.

Classificação: Morno.

Modo de usar: Banho, spray e assentamentos.

FAVA-TONCA: Seu pó serve de proteção e neutraliza maus fluidos.

Classificação: Morna.

Modo de usar: Pó.

Funcho: Ajuda na amamentação, limpeza, trata problemas intestinais, corta laços com o passado e materializa sonhos.

Classificação: Frio.

Modo de usar: Banho.

Guabiroba: Combate rituais de magia negra, estimula o perdão, regeneração óssea, tira vitimismo e perseguição e traz serenidade.

Classificação: Fria.

Modo de usar: Banho.

Guaco: Elimina traumas de infância, automartírio e fortalece a imunidade.

Classificação: Morno.

Modo de usar: Banho, spray e assentamentos.

Inhame: Fortifica, vitaliza e potencializa.

Classificação: Morno.

Modo de usar: Banho, spray e assentamentos.

Ipê-Roxo: Gera sono, desacelera a mente, aumenta a conexão espiritual e reduz o calor.

Classificação: Morno.

Modo de usar: Banho, spray e assentamentos.

Malva-Branca: Ajuda a trabalhar a conexão espiritual.

Classificação: Fria.

Modo de usar: Banho, assentamentos e spray.

Manjericão: Equilibra, favorece a mediunidade e harmoniza chacras.

Classificação: Morno.

Modo de usar: Banho, assentamentos, bate-folhas e spray.

Manjerona: Desenvolve a mediunidade, favorece projeção astral.

Classificação: Morna.

Modo de usar: Banho, spray, assentamentos e defumação.

MARAPUAMA: Estimula a paciência, acalma a ansiedade e ajuda na meditação.

Classificação: Morna.

Modo de usar: Banho, spray e assentamentos.

MILHO BRANCO: Cura doenças infecciosas nos olhos.

Classificação: Morno.

Modo de usar: Sacudimento, assentamentos e banho.

PÊSSEGO: Ajuda a eliminar doenças degenerativas do cérebro, confusão de pensamentos e regenera a mente.

Classificação: Morno.

Modo de usar: Banho, spray e assentamentos.

QUITOCOA: Elimina bloqueios do sétimo chacra, abre caminhos para a espiritualidade, diminui vontade de controlar tudo, ajuda a ser menos racional e mais intuitivo, melhora a qualidade do sono, tumores.

Classificação: Morna.

Modo de usar: Banho, spray e assentamentos.

SAIÃO: Cura, abertura e potencialização.

Classificação: Morno.

Modo de usar: Banho, assentamentos e bate-folhas.

TANCHAGEM: Cria potencialidade contra Alzheimer, fortalece ossos, combate excesso de perfeccionismo e preocupação.

Classificação: Morna.

Modo de usar: Banho, spray e assentamentos.

Se você quiser conhecer mais sobre o nosso trabalho,
acesse o portal www.portaldosespiritualistas.com.br
ou nosso Instagram: @portaldosespiritualistas